Martha Anstice Harris

A glossary of the West Saxon Gospels

Latin-West Saxon and West Saxon-Latin

Martha Anstice Harris

A glossary of the West Saxon Gospels
Latin-West Saxon and West Saxon-Latin

ISBN/EAN: 9783337103019

Printed in Europe, USA, Canada, Australia, Japan

Cover: Foto ©Lupo / pixelio.de

More available books at **www.hansebooks.com**

YALE STUDIES IN ENGLISH

ALBERT S. COOK, Editor

VI

A GLOSSARY

OF THE

WEST SAXON GOSPELS

LATIN—WEST SAXON

AND

WEST SAXON—LATIN

BY

MATTIE ANSTICE HARRIS, Ph. D.

LAMSON, WOLFFE AND COMPANY
BOSTON, NEW YORK, AND LONDON
1899

PREFACE.

It is to be assumed that all lexicographical work on Old English, if reasonably accurate and methodical, is likely, when published, to be serviceable to the cause of English scholarship. It is with this thought that the present Glossary was undertaken as part of a thesis for the degree of Ph. D., at Yale University, at the suggestion of Professor Albert S. Cook. As to the particular form into which it is cast, this is due to the belief on the part of Professor Cook that English lexicography has not been sufficiently studied from the point of view of semasiology, and that translations of the Bible afford the readiest means of entering upon this work.

The forms employed are those of the Corpus MS., that given in the first column of Skeat's edition.

With a good concordance of the Latin Vulgate, such as Dutripon's, the student who uses this book will have entire command of the material, and will be able to determine in all cases the rendering of each Latin word included in the Glossary in every passage where it occurs in the Gospels. By the aid of the Old English-Latin Index the book can be made to serve the usual purposes of an Old English Glossary.

Special and grateful acknowledgment is due to Professor Cook, under whose most patient and friendly oversight the work was brought to completion, and to Dr. E. D. Hanscom, who has kindly read the proof-sheets.

Rockford College, Rockford, Ill., Jan. 26, 1898.

M. Anstice Harris.

A.

abba: abba, Mk. 14, 36.
abesse (*absit* = ne gewurðe ðæt, ðæt ne gewurðe, Lk. 20, 16. Mt. 16, 22).
abire: fēran (47).
 faran, Mt. 10, 5; 12, 1. Mk. 6, 32. 33. J. 4, 3. 43; 5, 15; 6, 1. 22; 9, 7; 10, 40; 11, 46. 54; 12, 11; 14, 3; 16, 7; 18, 8; 20, 10.
 gān, Mt. 13, 46; 19, 22; 21, 29. Mk. 2, 12; 7, 30. J. 4, 28; 9, 11; 11, 28. 44; 12, 36; 18, 6.
 ūtgān, Mt. 11, 7; 20, 5.
 ūtfēran, Mk. 11, 4.
 cuman, J. 4, 47.
 cyrran, J. 6, 67.
 ———, Mt. 22, 15. Mk. 14, 39. J. 6, 68; 12, 19.
abnegare: ætsacan, Lk. 9, 23; 22, 34.
 wiðsacan, Mt. 16, 24.
abominatio: onsceonung, Mt. 24, 15.
 āsceonung, Mk. 13, 14.
 āscuniendlic, Lk. 16, 15.
abscindere: āceorfan, Mt. 5, 30; 18, 8. J. 18, 10.
 ceorfan, Mk. 9, 42.
 slēan, J. 18, 26.
abscondere: behȳdan (8).
 bedīglian (bedīlegian), J. 8, 59; 12, 36.
 bebȳdan (behȳdan?), Mt. 13, 44.
absconditus: dīgol, Mt. 6, 4. 18; 13, 35. Lk. 11, 33.
 behȳdd, Mk. 4, 22. Lk. 8, 17; 12, 2; 19, 42.
absque: of, J. 16, 2.

abundantia (for *avaritia*): gȳtsung, Lk. 12, 15.
 ———, Mt. 12, 34. Lk. 6, 45.
abundans (*abundantius* = māra, Mt. 5, 37; genōh, J. 10, 10).
abundare: habban genōh, Mt. 25, 29. Mk. 12, 44. Lk. 15, 17.
 bēon māra, Mt. 5, 20.
 habban, Mt. 13, 12.
 rīcsian, Mt. 24, 12.
 wela (for *abundantia* instead of *abundanti*?), Lk. 21, 4.
abyssus: grund, Lk. 8, 31.
accedere: genëalǣcan (48).
 cuman, Mt. 15, 1; 20, 20; 21, 23; 22, 23; 24, 3; 25, 20. 22. 24; 26, 69. Mk. 6, 35.
 gān, Mt. 13, 27; 21, 14.
 tōgenēalǣcan, Mt. 24, 1.
 tōlǣdan, Lk. 9, 42.
 ———, Mt. 21, 28. 30.
accendere: onǣlan, Lk. 8, 16; 11, 33; 15, 8.
 ǣlan, Mt. 5, 15.
 bærnan, Lk. 12, 49.
 ———, Lk. 22, 55.
acceptus: andfenge, Lk. 4, 19. 24.
accersere: clipian, Mk. 15, 44.
accidere: gebyrian, Mk. 9, 20. Lk. 10, 31.
 cuman, Mk. 6, 21.
 gewurðan, Lk. 24, 14.
accipere: niman (45).
 onfōn, Mt. 1, 20. 24; 2, 21; 7, 8; 8, 17; 10, 8. 41; 13, 20. 33; 19, 29; 20, 9. 10; 26, 26; 27, 6. 9;

1

28, 15. Mk. 4, 16; 6, 41; 11, 24; 12, 2. 40; 14, 23; 15, 23. Lk. 2, 26. 23; 11, 10; 13, 19. 21; 18, 17; 19,12.15; 20,47; 22,17.19; 24, 30. J. 1, 16; 5, 34; 19, 30.
underfōn, Mt. 25, 16. 17. 18. 20. 22. 24. J. 3, 11. 27. 32. 33; 5, 41. 43. 44; 7, 39; 12, 48; 13, 20; 14, 17; 16, 24; 17, 8; 18, 3; 20, 22.
geniman, Mt. 26, 27; 27,24.48.59.
āfōn, Mt. 2, 12. Mk. 14, 22.
bēon tīða, Mt. 21, 22.
habban, Mk. 12, 22.
ofergān, Lk. 7, 16.
wyrcan, Mt. 28, 12.
personam non accipere = for nānum men ne wandian, Lk. 20, 21.
―――, Mt. 13, 31; 20, 11; 23, 14. J. 7, 23. See also *acceptus.*
accubitus: setl, Lk. 14, 7.
accumbere: sittan, Mk. 2, 15; 6, 39. Lk. 7, 37. 49; 13, 29.
accurrere: iernan, Mk. 9, 14. Lk. 15, 20.
accusare: wrēgan (12).
gewrēgan, Mk. 3, 2. Lk. 6, 7.
accusatio: wrōht, J. 18, 29.
acetum: eced, Mt. 27, 48. Mk. 15,36. Lk. 23, 36. J. 19, 29. 30.
acquirere: gestrȳnan, Lk. 19, 16.
actus: dæd, Lk. 23, 51.
acus: nædl, Mt. 19, 24. Mk. 10, 25. Lk. 18, 25.
adaperire: ontȳnan, Mk. 7, 34. Lk. 2, 23.
adaquare: tō wætere, Lk. 13, 15.
adaugere: geīcan, Lk. 17, 5.
addere: ―――, Lk. 20, 11. 12.
adducere: lædan (16).
bringan, Mk. 8, 22. Lk. 15, 23. J. 7, 45.
gelædan, Mk. 11, 2. J. 18, 28.
adesse: æt wesan, Mk. 4, 29.
bēon hēr, Lk. 23, 48.
ðār wesan, Lk. 13, 1.
adhærere: geðēodan, Mt. 19, 5. Mk. 10, 7.
folgian, Lk. 15, 15; 16, 13.

clifian, Lk. 10, 11.
adhibere: niman, Mt. 18, 16.
adhuc: gȳt (29).
ðā, Mt. 26, 47; 27, 63. Lk. 22, 60.
ðis, J. 2, 10.
ōðer, Mt. 26, 65.
cum adhuc tenebræ essent = ær hit lēoht wære, J. 20, 1.
―――, Lk. 14, 32; 18, 22.
adimplere: gefyllan (12).
adire: genēosian, Lk. 8, 19.
adjicere: geīcan (geȳcan), Mk. 4, 24. Lk. 3, 20; 12, 31; 19, 11.
geēacnian, Mt. 6, 27. 33.
īcan, Lk. 12, 25.
adjudicare: ―――, Lk. 23, 24.
adjurare: healsian, Mt. 26, 63. Mk. 5, 7.
adjuvare: fylstan, Mt. 15, 25. Lk. 5, 7; 10, 40.
gefylstan, Mk. 9, 21. 23.
admirari: wundrian (6).
―――, Lk. 2, 48.
admittere: getīðian, Mk. 5, 19.
lætan, Mk. 5, 37.
admonere: gemyndgian, Mt. 2, 22.
adolescens: geong, Mt. 19, 20. Lk. 7, 14; 15, 12. 13.
geong mann, Mt. 19, 22.
iungling, Mk. 14, 51.
adorare: geēaðmēdan (12).
gebiddan, Mt. 2, 8. 11; 14, 33; 15, 25. Mk. 5, 6. Lk. 24, 52. J. 4, 20—24; 12, 20.
adorator: gebedmann, J. 4, 23.
adulter: unrihthæmere, Lk. 18, 11.
adultera: forliger, Mt. 11, 39.
unrihthæmend, Mt. 16, 4.
unrihthæmed, Mk. 8, 38.
adulterare: unrihthæman, Mt. 5, 32; 19, 18. Mk. 10, 19.
adulterium: unrihthæmed, Mt. 15,19. Mk. 7, 21; 10, 11. J. 8, 3.
unriht hæmed, J. 8, 4.
advenire: tōbecuman, Mt. 6. 10.
tōcuman, Lk. 11, 2.
faran, J. 4, 47.
cuman, J. 7, 6.
adventus: tōcyme, Mt. 24, 3. 27. 37. 39.

adversarius: wiðerwinna, Mt. 5, 25.
　Lk. 12, 58; 13, 17; 18, 3; 21, 15.
adverso, see *ex adverso*.
adversum: ongēn (ongēan), Mt. 5,11;
　26, 62; 27, 13. Lk. 9, 50. J. 19,11.
　āgēn, Mt. 5, 23. Mk. 9, 39.
adversus: ongēn (ongēan) (10).
　āgēn, Mk. 11, 25; 14, 55. 56. 57;
　15, 39. Lk. 14, 31.
advesperascere: æfenlǽcan, Lk. 24,
　29.
advocare: clipian, Mt. 18, 2.
　tōclipian, Mk. 7, 14.
advolvere: tōāwylian, Mt. 27, 60.
　wylian, Mk. 15, 46.
ædes: tempel, Lk. 11, 51.
ædificare: timbrian (10).
　getimbrian, Mt. 7, 24. 26; 21, 23.
　Mk. 12, 1; 14, 58. Lk. 4, 29; 7,
　5. J. 2, 20.
ædificans: wyrhta, Mk. 12, 10. Lk.
　20, 17.
ædificatio: getimbrung, Mt. 24, 1.
　Mk. 13, 2.
æger: untrum, Mk. 6, 13. .
　sēoc, Mk. 16, 18.
ægrotatio: untrumness, Mt. 8, 17.
æqualis: gelīc, Lk. 6, 34; 20, 36. J.
　5, 18.
æramentum: ārfæt and mæstling,
　Mk. 7, 4.
ærugo: ōm, Mt. 6, 19. 20.
ærumna: ofyrmð, Mk. 4, 19.
æs: feoh, Mk. 6, 8; 12, 41. J. 2, 15.
æra minutum = fēorðling, Lk.
　21, 2.
æstas: sumor, Mt. 24, 32. Mk. 13, 28.
　Lk. 21, 30.
æstimare: wēnan, Lk. 7, 43; 13, 18. 20.
　tellan, Mt. 11, 16.
æstuare: ādrūwian, Mt. 13, 6.
æstus: hǽte, Mt. 20, 12.
　ðæt (hǽte?), Lk. 12, 55.
ætas: yld, Lk. 2, 52. J. 9, 21. 23.
æternus: ēce (29).
　ēcnyss, Mk. 3, 29; 11, 14. Lk. 1,
　32. J. 6, 52. 59; 8, 35; 12, 34.
　ǽfre, J. 14, 16.
　non in æternum = ne ... nǽfre,
　J. 8, 51. 52; 10, 28; 13, 8.

——, J. 4, 13; 11, 26.
afferre: bringan (21).
　beran, J. 15, 2. 8. 16.
　niman, J. 20, 27.
afficere: geswencan, Mt. 22, 6. Mk.
　12, 4. Lk. 21, 16.
　gewǽcean, Mk. 13, 12. Lk. 20, 11.
　fordōn, Mt. 10, 21.
affirmare: sēðan, Lk. 22, 59.
affligere: geswencan, Lk. 8, 45.
ager: æcer (23).
　land, Mt. 19, 29. Mk. 5, 14.
——, Mt. 13, 36.
agere: dōn (19).
　gelǽdan, Lk. 4, 1; 8, 29.
　gedōn, Lk. 23, 15.
　curam agere = lācnian, Lk.
　10, 34.
——, Mt. 15, 36. Lk. 14, 32;
　17, 3. See also *gratias agere*.
agitare: āwecgan, Mt. 11, 7.
agnoscere: oncnāwan, Mt. 12, 33.
　gecnāwan, Lk. 24, 16.
　cunnan, J. 10, 15.
agnus: lamb, Lk. 10, 3. J. 1, 29. 36;
　21, 15. 16.
agonia: gewinn, Lk. 22, 43.
agricola: eorðtylia (eorðtilia), Mt.
　21, 33. 34. 40. Mk. 12, 1. J.
　15, 1.
　tilia (tylia), Mt. 21, 38. 41. Mk.
　12, 2.
——, Mt. 21, 35. Mk. 12, 2.
aio: cweðan (198).
　secgean, Mt. 4, 19; 13, 52; 26, 35.
　38. 71; 27, 21. Mk. 2, 17. 25;
　4, 13. 35. 40; 5, 19; 6, 31; 7, 29;
　9, 11. 34. 35; 12, 16. 43; 14, 18.
　20. 24. 29. 34. 41. Lk. 3, 14; 4,
　43; 5, 24; 6, 8; 10, 18; 13, 12;
　16, 2. 29; 18, 27; 22, 15. 46.
　respondens aio = an(d)swarian,
　Mt. 13, 11. 37; 15, 3. 13. 28; 17,
　11. 16; 19, 4. Mk. 15, 12. Lk.
　11, 45; 22, 51; 23, 3. swarian,
　Mk. 10, 20. 23. 29; 12, 24; 15, 2.
——, Lk. 7, 31.
ala: fiðere, Mt. 23, 37.
alabastrum: sealfbox, Mk. 14, 3. Lk.
　7, 37.

1*

box, Mt. 26, 7.
alapa (*alapis cædere* = mid fȳstum bēatan, Mk. 14, 65.
alapam dare = slēan mid handa, J. 18, 22.
alapas dare = plættan mid handum, J. 19, 3).
album: hwīt rēaf, J. 20, 12.
albus: hwīt, Mt. 5, 36; 17, 2. Lk. 9, 29; 23, 11.
scīr, J. 4, 35.
alienigena: ælfremede, Lk. 17, 18.
alienus: fremede, Mt. 17, 24. 25. Lk. 16, 12.
uncūð, J. 10, 5.
alioquin: elles, Mt. 6, 1. Mk. 2, 21. 22. Lk. 5, 36. 37.
gyf hī dōð, Mt. 9, 17.
gif hē ðonne wið hine gefeohtan ne mæg, Lk. 14, 32.
———, J. 14, 12.
aliquando: æt sumum cyrre, Lk. 22, 32.
aliquis: ænig ðing, Mt. 5, 23; 21, 3; 24, 17. Lk. 22, 35; 24, 41. J. 1, 46.
sum, Lk. 8, 2. 46; 9, 27; 11, 54; 23, 8.
sum ðing, Mt. 20, 20. Lk. 7, 40. J. 5, 14; 13, 29.
ænig, Mk. 11, 25. Lk. 19, 8. J. 7, 48.
ān man, Mt. 12, 19; 22, 16. Lk. 8, 56.
ān ðing, Mk. 4, 22.
ān, Lk. 11, 36.
ænig man, J. 4, 33.
hwilc man, Mt. 18, 12.
hwā, Lk. 20, 28.
aliunde: elles, J. 10, 1.
alius: ōðer (77).
sum, Mt. 13, 5. 7. 8. 23; 16, 14. 20. 33; 21, 8. 35; 22, 5; 25, 15. Mk. 6, 15; 8, 28; 11, 8; 12, 5. Lk. 8, 5. 6. 7. 8; 9, 19; 11, 16; 14, 20. J. 7, 41; 9, 8. 9. 16; 10, 21; 12, 29.
———, J. 6, 22; 18, 16; 19, 37.
allidere: forgnīdan, Mk. 9, 17.

alligare: gebindan, Mt. 12, 29; 14, 3; 18, 18. Mk. 3, 27. Lk. 13, 16.
bindan, Mt. 13, 30; 23, 4.
getīegan, Mt. 21, 2. Lk. 19, 30.
wrīðan, Lk. 10, 34.
aloe: alewe, J. 19, 39.
altare: weofod (6).
altar, Mt. 5, 24. Lk. 11, 51.
alter: ōðer (28).
———, J. 19, 32.
alteruter (*ad alterutrum* = ælc tō ōðrum, Mk. 4, 40; betwux him, Mk. 8, 16; ———, Mk. 15, 31).
altilis: fugol, Mt. 22, 4.
altitudo: dēop, Mt. 13, 5.
ðiccness, Mk. 4, 5.
altus: dēop (dȳp), Lk. 1, 78; 6, 48. J. 4, 11.
hēah, Lk. 16, 15.
ex alto = ufene, Lk. 24, 49.
altissimus = hēhst (hēahst), Lk. 1, 32. 35. 76; 6, 35; 8, 28; mǣre, Mk. 5, 7; hēahness, hēhness, Mt. 21, 9. Lk. 2, 14.
amare (vb.): lufian (16).
amare (adv.): biterlice (bityrlice), Mt. 26, 75. Lk. 22, 62.
ambo: būtū, Lk. 1, 6. 7; 5, 7.
bēgen, Mt. 15, 14; Lk. 6, 39.
ambulare: gān (36).
faran, J. 7, 1; 11, 54.
fēran, Lk. 9, 57.
———, Mt. 14, 26. Mk. 16, 12. J. 6, 67.
amen: sōð (39).
sōðlice, Mt. 6, 13. 16; 10, 15. 23; 11, 11; 13, 17; 16, 28; 17, 19; 18, 3. 13. 18; 19. 23. Mk. 3, 28; 8, 12. 39; 10, 15; 12, 43; 13, 30; 14, 9. 18. 25. 30. Lk. 4, 24; 7, 9; 12, 37; 18, 17. 29; 21, 32. J. 8, 51; 12, 24; 13, 16.
sōðes, Mt. 5, 18. 26.
amen, Lk. 24, 53.
witodlice, Mt. 26, 21.
———, Mk. 10, 29. Lk. 23, 43. J. 5, 58.
amica: frēond, Lk. 15, 9.
amictus: bewǣfed, Mk. 14, 51.

amicus: frēond (23).
    gefrȳnd, Lk. 23, 12.
amodo: heonon forð, Mt. 23, 29; 26, 29. J. 14, 7.
    æfter ðysom, Mt. 26, 64.
    nū, J. 13, 19.
amovere: bescirian, Lk. 16, 4.
amphora: wæterbūc, Lk. 20, 10.
amplius: māre (mā), Mt. 5, 47; 22, 46. Mk. 7, 34; 14, 31; 15, 5. Lk. 3, 13; 12, 4. J. 8, 11.
    leng, Mt. 9, 24. Lk. 20, 40.
    heonon forð, Mk. 11, 14.
    ———, Mk. 9, 7.
amputare: āceorfan, Mk. 14, 47. Lk. 22, 50.
    ceorfan, Mk. 9, 44.
    āslēan, Mt. 26, 51.
an: hwæðer ðe (14).
    ðe, Mt. 22, 17; 27, 17. Mk. 13, 35. Lk. 20, 22; 22, 27.
    oððe, Mt. 11, 3. Lk. 6, 9.
    hwæðer, Mt. 27, 49.
    ———, Mt. 26, 53.
anathematizare: ætsacan, Mk. 14, 71.
ancilla: ðīnen (6).
    ðēowyn, Mt. 26, 69.
    wȳln, Mt. 26, 71.
ancilla ostiaria = duruðīnen, J. 18, 17.
anethum: dile, Mt. 23, 23.
angariare: genīedan, Mt. 5, 41. Mk. 15, 21.
    nīedan, Mt. 27, 32.
angelus: engel (engyl) (52).
    ———, Mt. 18, 10.
angulus: hyrne, Mt. 6, 5; 21, 42. Mk. 12, 10. Lk. 20, 17.
angustus: nearu, Mt. 17, 13. 14. Lk. 13, 24.
anima: sāwol (41).
    līf, J. 10, 11. 24; 13, 37. 38; 15, 13.
    ———, Mt. 16, 25. Lk. 9, 56. J. 10, 15.
animæquior: geheort, Mk. 10, 49.
annuere: bēacnian, Lk. 5, 7.
annulus: hring, Lk. 15, 22.
annuntiare: cȳðan (7).
    bodian, Lk. 9, 60.
annus: gēar (gēr) (17).

winter, Mk. 5, 25. 42. Lk. 2, 42; 3, 23; 8, 42. J. 2, 20; 5, 5; 8, 57.
ante: beforan (41).
    ær, Mt. 8, 29; 24, 38. Mk. 15, 42. Lk. 11, 38; 24, 22. J. 11, 55; 12, 1; 13, 1; 17, 24.
    tōforan, Mt. 7, 6; 17, 14; 25, 32. Mk. 6, 41; 10, 17. Lk. 1, 17; 8, 28; 11, 6; 21, 12.
    tō, Lk. 8, 47; 17, 16.
    ———, Mk. 14, 68.
antea: ær, Lk. 23, 12.
antecedere: beforan fēran, Mt. 2, 9.
    tōforan gān, Lk. 22, 47.
antequam: ær, Mt. 1, 18; 6, 8; 26, 34. Lk. 22, 15.
    ærðam, J. 8, 58.
antiquus: eald, Mt. 5, 27. 33. Lk. 9, 8.
    eald tīd, Mt. 5, 21.
aperire: ontȳnan (untȳnan) (16).
    ātȳnan, Mt. 13, 35. Lk. 13, 25; 24, 45.
    geopenian, Mt. 17, 26; 20, 33; 27, 52. Mk. 7, 35. Lk. 1, 64; 3, 21; 24, 31. J. 9, 10; 19, 34.
    lætan in, Mt. 25, 11. J. 10, 3.
    openian, Mk. 1, 10. J. 1, 51.
apex: prica, Mt. 5, 18.
    stæf, Lk. 16, 17.
apostolus: apostol (9).
    ærenddraca, J. 13, 16.
apparere: ætȳwan (ætēowan) (16).
    quæ non apparent = ðe man innan ne scēawað, Lk. 11, 44.
applicare: wīcian, Mk. 6, 53.
apponere: āsettan, Mk. 8, 6. Lk. 10, 8.
    settan, Mk. 8, 7.
apprehendere: niman (10).
    gefōn, Mt. 14, 31. Lk. 23, 26. J. 7, 32; 10, 39.
    æthrīnan, Mk. 8, 23. Lk. 9, 39.
    gegrīpan, Mk. 1, 31.
    gelæccan, Mk. 9, 17.
    stupor apprehendit omnes = ealle wundredon, Lk. 5, 26.
    ———, Mk. 12, 3. 8. Lk. 9, 47.
appretiare: gebycgan, Mt. 27, 9.
    gewurðian, Mt. 27, 9.
appropiare: genēalæcan, Lk. 10, 34; 12, 33.

appropinquare: genēalǣcan (26).
aptus: andfenge, Lk. 9, 62.
apud: mid (myd) (28).
betwux (betweox), Mk. 9, 9. J. 6, 62.
gemang, J. 11, 54.
tō, J. 5, 45.
wið, Lk. 16, 1.
quæ apud illos sunt = ðā ðing ðe hig habbað, Lk. 10, 7.
————, Lk. 18, 11. 27.
aqua: wæter (40).
amphora aquæ = wæterbūc, Lk. 22, 10.
aquila: earn, Mk. 24, 28. Lk. 17, 37.
aquilo: norðdæl, Lk. 13, 29.
arare: erigan, Lk. 17, 7.
aratrum: sulh, Lk. 9, 62.
arbitrari: wēnan, Mt. 10, 34; 20, 10. J. 16, 2; 21, 25.
tellan, Lk. 7, 7.
arbor: trēow (27).
arca: earc, Mt. 24, 38. Lk. 17, 27.
archisynagogus: duguðe ealdor, Lk. 13, 14.
hēahealdor, Mk. 5, 38.
hēahgesamnung, Mk. 5, 22. 35.
————, Mk. 5, 36.
architriclinus: drihte ealdor, J. 2, 8. 9.
arctus: angsum, Mt. 7, 14.
ardere: bærnan, Lk. 12, 35; 24, 32. J. 5, 35.
forbærnan, J. 15, 6.
area: ðyrscel-flōr, Mt. 3, 12.
bernes flōr, Lk. 3, 17.
arefacere: forscrincan, Mt. 21, 19.
arena: sandceosol, Mt. 7, 26.
arere: forscrincan, Mt. 21, 20. Mk. 11, 21. Lk. 8, 6.
ādrūwian, Mt. 13, 6.
arescere: forscrincan, Mk. 9, 17.
fordrūwian, J. 15, 6.
————, Lk. 21, 26.
argenteus: scylling, Mt. 26, 15; 27, 3. 5. 9.
seolfor, Mt. 27, 6.
argentum: seolfor, Mt. 10, 9.
arguere: gerihtlǣcan, J. 3, 20.

āscunian, J. 8, 46.
ðȳwan, J. 16, 8.
aridus: forscruncen (7).
drīge, Mt. 12, 43. Lk. 23, 31.
arida: eorðe, Mt. 23, 15.
arma: wǣpen, Lk. 11, 22. J. 18, 3.
armare: gewǣpnian, Lk. 11, 21.
aroma: wyrtgemang, Mt. 16, 1. Lk. 23, 56; 24, 1. J. 19, 40.
arripere: gegrīpan, Lk. 8, 29.
arundo: hrēod, Mk. 15, 19; Lk. 7, 24.
as: pening, Mt. 10, 29.
ascendere: āstīgan (18).
faran, Mt. 20, 18. Lk. 2, 42; 18, 31. J. 2, 13; 5, 1; 7, 8, 10; 11, 55; 12, 20.
gān, Mt. 13, 2; 14, 23; 15, 39. Mk. 4, 1; 5, 18; 6, 51. Lk. 8, 22; 9, 28. J. 6, 17. 24; 21, 3.
fēran, Mt. 20, 17. Mk. 3, 13; 10, 32; 15, 8. 41. Lk. 2, 4; 18, 10; 19, 28.
stīgan, Mk. 4, 7; 6, 32. 45. Lk. 19, 4. J. 10, 1.
ūpstīgan (ūppstīgan), Mk. 4, 8. J. 1, 51.
ūppgān, J. 21, 11.
wesan, Mt. 14, 32.
ascendere superius = sittan ufur, Lk. 14, 10.
ipse autem ascendens navim reversus est = ðā wende hē on scype agēn, Lk. 8, 37.
—————, Mt. 17, 27. Lk. 8, 22.
asellus: assa, J. 12, 14.
asina: asse, Mt. 21, 2; 5, 7. Lk. 19, 30. J. 12, 15.
asinaria (*mola asinaria* = cweornstān, Mk. 9, 41).
asinus: assa, Lk. 13, 15; 14, 5.
aspectus: ansȳn, Mt. 28, 3.
asper: ungerȳde, Lk. 3, 5.
aspernari: forhogian, Lk. 18, 9.
aspicere: behealdan, Mk. 15, 40. 47. Lk. 20, 17. J. 13, 22.
besēon, Mt. 14, 19. Mk. 8, 24.
gesēon, Mk. 12, 41; 14, 67.
lōcian, Mk. 13, 1.
————, Mt. 19, 26.

assequi: gefylgean, Lk. 1, 3.
assimilare: geefenlǽcan, Mt. 6, 8.
   bēon gelīc, Mt. 7, 24.
   bēon anlīc, Mt. 18, 23.
   geanlīcian, Mk. 4, 30.
assistere: standan ðār, J. 18, 22.
assuere: sīwian, Mk. 2, 21.
assumere: niman (10).
   geniman, Mt. 4, 8; 16, 22; 24, 40. 41; 26, 37. Lk. 17, 34. 35.
   āfōn, Mk. 16, 19.
   gebringan, Mt. 4, 5.
   onfōn, Mk. 4, 36.
   tōgeniman, Mt. 12, 45.
assumptio: andfeng, Lk. 9, 51.
assus: gebrǽd, Lk. 24, 42.
astare: ætstandan, Mk. 14, 70.
   standan, Lk. 1, 19.
   standan ābūtan, Lk. 19, 24.
atrium: cafertūn (cauertun) (8).
   botl, Mt. 26, 58.]
attendere: warnian, Mt. 7, 15. Lk. 12, 1; 17, 3; 20, 46; 21, 34.
   begȳman, Mt. 6, 1.
audacter: dyrstiglīce, Mk. 15, 43.
audere: durran, Mt. 22, 46. Mk. 12, 34. Lk. 20, 40. J. 21, 12.
audire: gehȳran (206).
   hlystan, Lk. 2, 46; 16, 29. J. 10, 20.
   hȳran, Mk. 6, 20.
   gehlystan, Mk. 7, 16.
   gesēon (!), Lk. 21, 9.

   ————, Mt. 13, 43; 20, 24. Mk. 10, 41. Lk. 8, 13; 18, 22.
auditus: gehȳrness, Mt. 13, 14.
   auditui nostro = ðæs ðe we gehȳrdon, J. 12, 38.
auferre: āfyrran (9).
   ætbrēdan, Mt. 13, 12; 21, 43; 25, 29. Mk. 4, 25.
   niman, Lk. 6, 29. 30; 16, 3; 19, 24.
   ācyrran, Mk. 2, 20.
   dōn heonan, J. 2, 16.
auricula: ēare (7).
auris: ēare (15).
   hlyst, Lk. 7, 1.
   ————, Mt. 13, 43.
aurum: gold, Mt. 2, 11; 10, 9; 23, 16. 17.
auster: sūðdǽl, Mt. 12, 42. Lk. 11, 31; 12, 55; 13, 29.
austerus: stīð, Lk. 19, 21. 22.
avaritia: gȳtsung, Mk. 7, 22. Lk. 12, 15.
avarus: gīfre, Lk. 16, 14.
ave: hāl (6).
avellere: ālūcan, Lk. 22, 41.
avertere: forhwyrfan, Lk. 23, 14.
   wyrnan, Mt. 5, 42.
avis: fugel, Mk. 4, 32; Lk. 13, 34.
azyma: azyma, Mk. 14, 12. Lk. 22, 1. 7.
   ðēnung, Mt. 26, 17.
   ————, Mk. 14, 1.

B.

bajulare: beran, Mk. 14, 13. Lk. 14, 27. J. 19, 17.
baptisma: ðwēal, Mk. 7, 8.
   ————, Mk. 7, 4.
baptismus: fulluht (fulwiht) (10).
baptizare: fullian (21).
   gefullian, Mt. 3, 6. 14. 16. Mk. 1, 5. 9; 10, 38. 39; 16, 16. Lk. 3, 7, 21; 7, 29, 30. J. 3, 23.
   geðwēan, Mk. 7, 4. Lk. 11, 38.
   āðwēan, Lk. 3, 12.
   ————, J. 4, 1.

beatus: ēadig (31).
bellum: gefeoht, Mk. 13, 7.
   iturus committere bellum = wyle faran and feohtan, Lk. 14, 31.
bene: wel (13).
   hāl, Mk. 16, 18.
benedicere: blētsian (14).
   geblētsian, Mt. 21, 9; 23, 39; 26, 26. Mk. 11, 10. Lk. 1, 28. 42. 64. 68; 13, 35; 19, 38. J. 12, 13.

benedictus: gebletsod, Mt. 25, 34. Mk. 14, 61.
benefacere: weldōn (6).
 teala dōn (tala dōn), Mk. 14, 7; Lk. 6, 27.
beneficus: fremfull, Lk. 22, 25.
benignus (*ipse benignus est* = hē is God, Lk. 6, 35).
bestia: wilddēor, Mk. 1, 13.
bibere: drincan (51).
 ofdrincan, Mk. 14, 23.
 ———, Mk. 15, 23.
biduum: twēgen dagas, Mt. 26, 2. Mk. 14, 1.
bimatus: twywintre, Mt. 2, 16.
bini: twā, Lk. 10, 1. J. 2, 6.
 twā and twā, Mk. 6, 7.
bis: tuwa (tua), Mk. 14, 30. 72. Lk. 18, 12.
bivium: twycene, Mk. 11, 4.
blasphemare: bysmerian, Mt. 27, 39. Mk. 3, 28. 29.
 dysegian, Mk. 2, 7. Lk. 22, 65.
 gremman, Mk. 15, 29. Lk. 23, 39.
 bysmorspǣce sprecan, Mt. 9, 3.
 bysmor sprecan, J. 10, 36.

 wiðersacan, Lk. 12, 10.
blasphemavit = ðis ys bysmorsprǣc, Mt. 26, 65.
blasphemia: bysmurspǣc (bysmorsprǣc, bysmorspǣc), Mt. 12, 31; 26, 65. J. 10, 33.
 bysmorung, Mk. 3, 28.
 bysmur, Mk. 14, 64.
 dysiness, Mk. 7, 22.
 tāllice word, Mt. 15, 19.
 woffung, Lk. 5, 21.
bonum: gōd (18).
 betere, Mt. 18, 8. 9; 26, 24. Mk. 9, 41. 42. 44. 46; 14, 21.
 ǣht, Mt. 25, 14. Lk. 19, 8.
omnia bona sua = eall ðæt hē āh, Mt. 24, 47.
bonus: gōd (52).
bos: oxa, Lk. 13, 15; 14, 5. 19. J. 2, 14. 15.
brachium: earm, Lk. 1, 51.
 strencð, J. 12, 38.
breviare: gescyrtan, Mt. 24, 22. Mk. 1, 20.
buccella: bita, J. 13, 27. 30.
byssus: twīn, Lk. 16, 19.

C.

cadere: feallan (38).
 āfeallan, Mt. 12, 11. Lk. 6, 49.
 befeallan, Mt. 10, 29. Lk. 14, 5.
cadere super collum ejus = hine beclyppan, Lk. 15, 20.
cadus: sester, Lk. 16, 6.
cæcatus: geblend, Mk. 8, 17.
cæcitas: blindness, Mk. 3, 5.
cæcus: blind (44).
 ———, Mk. 10, 51.
cædere: bēatan (7).
 hēawan, Mt. 21, 8. Mk. 11, 8.
 swingan, Mk. 12, 3. Lk. 20, 10.
 beswingan, Mk. 15, 15.
 ofslēan, Mk. 21, 35.
cæterus: ōðer (8).
calamus: hrēod, Mk. 15, 36.
calcaneum: hō, J. 13, 18.

calcarc: ofertredan, Lk. 10, 19.
 fortredan, Lk. 21, 24.
calceamentum: gescȳ, Mt. 3, 11; 10, 10. Lk. 10, 4; 15, 22; 22, 35.
 scēoh, Mk. 1, 7.
corrigia calceamenti (*-orum*) = scēoðwang, Lk. 3, 16. J. 1, 27.
calceare: gescēogan, Mk. 6, 9.
calefacere: wyrman, Mk. 14, 54. 67. J. 18, 18. 25.
calix: calic (20).
 ———, Mt. 10, 42.
calumnia: tāl, Lk. 3, 14.
calumniari: tǣlan, Mt. 5, 44.
 onhīscean, Lk. 6, 28.
camelus: olfend (oluend) (6).
caminus: ofen, Mt. 13, 42.
campester: feldlic, Lk. 6, 17.

candelabrum: candelstæf, Mt. 5, 15. Mk. 4, 21. Lk. 8, 16; 11, 33.
candidus: hwīt, Mk. 9, 2; 16, 5.
canere: blāwan, Mt. 6, 2.
   singan, Mt. 11, 17.
canis: hund, Mt. 7, 6; 15, 26. Mk. 7, 26. Lk. 16, 21.
cantare: crāwan (11).
   singan, Lk. 7, 32.
cantus see *galli cantus*.
capere: befōn, Mt. 22, 15. Mk. 12, 13. J. 21, 25.
   gefōn, Lk. 5, 5. 9. 10.
   gebyrian, Lk. 13, 33.
   underfōn, Mt. 19, 11.
   undernyman, Mt. 19, 12.
   wunian, J. 8, 37.
   caperent eum in sermone = hig hine gescyldgudun, Lk. 20, 20.
   capientes singulæ metretas binas vel ternas = ælc wæs on twēgra sestra gemete oððe on ðrēora, J. 2, 6.
   ———, Mk. 2, 2. Lk. 11, 54.
capillus: locc (7).
   fex, Lk. 7, 38.
captivus: gehæft, Lk. 4, 19.
   hæftling, Lk. 21, 24.
captura: fiscwēr, Lk. 5, 4.
   wēr, Lk. 5, 9.
caput: hēafod (33).
carcer: cwertern (cweartern) (16).
caritas: lufu, Mt. 24, 12. Lk. 11, 42.
caro: flǣsc (21).
   mann, Mt. 24, 22. J. 17, 2.
carus: lēof, Mk. 9, 7; 12, 6.
castellum: castel (14).
   ceaster, Mt. 9, 35; 10, 11. J. 7, 42; 11, 1. 30.
   burg (burh), Mt. 14, 15. Lk. 9, 6.
castrare: belistnian, Mt. 19, 12.
catellus: hwelp, Mt. 15, 27. Mk. 7, 28.
catena: racentēage, Mk. 5, 3. 4. Lk. 8, 29.
cathedra: lārcōwsetl, Mt. 23, 2. 6. Mk. 12, 39.
   hēahsetl, Mk. 11, 15. Lk. 11, 43.
   setl, Mt. 21, 12. Lk. 20, 46.
catinus: disc, Mk. 14, 20. Lk. 11, 39.

causa: gylt, Mt. 27, 37. J. 18, 38; 19, 4. 6.
   ðing, Mt. 5, 32; 19, 3. Lk. 8, 47; 23, 22.
   intinga, Mt. 15, 9. Lk. 23, 4. 14.
   si ita est causa hominis = gyf hyt swā ys ðām menn, Mt. 19, 10.
caute: wærlice, Mk. 14, 44.
cautio: feðer (!), Lk. 16, 6.
cavere: warnian (7).
cellarium: bern, Lk. 12, 24.
cenaculum see *cœnaculum*.
census: gafol (gaful), Mt. 22, 17. 19.
   toll, Mt. 17, 24.
centenus: hundred, Mk. 6, 40.
centesimus: hundfeald, Mt. 13, 8. 23.
centies: hundfeald, Mk. 10, 30.
centum: hund, Mt. 18, 12. 28. Lk. 15, 4; 16, 6. 7.
   hundfcald, Mk. 4, 8. 20.
   hundtēontig (hundtēonti), J. 19, 39; 21, 11.
centuplum: hundfeald, Mt. 19, 29. Lk. 8, 8.
centurio: hundredman, Mk. 15, 39. 44. Lk. 7, 2. 6. 23. 47.
   hundredes ealdor (hundrydes ealdor), Mt. 8, 5. 8. 13; 27, 54.
   ———, Mk. 15, 45.
certus: geare, Lk. 20, 6.
cervical: bolster, Mk. 4, 38.
cessare: geswīcan (7).
cetus: hwæl, Mt. 12, 40.
chaos: dwolma, Lk. 16, 26.
char— see *car*—.
chlamys: scyccels, Mt. 27, 28. 31.
chorus: wered, Lk. 15, 25.
Christus: Crīst (52).
   Godes gecoren, Lk. 23, 35.
   ——— ———, Mt. 16, 16.
cibus: mete (8).
cilicium: hære, Mt. 11, 21. Lk. 10, 13.
cingere, gyrdan, J. 21, 18.
cinis: axse, Mt. 11, 21. Lk. 10, 13.
circa: embe (ymbe, ymb) (15).
   ābūtan, Mk. 9, 13. Lk. 9, 12; 17, 2; 22, 49.
   wið, Mk. 4, 4. 15.
   wiðgeondan, Mt. 3, 5.

fodere circa illam = hewurpan mið meoxe, Lk. 13, 8.
circuitus: ābūtan, Mk. 3, 34.
———, Mk. 6, 6.
circum: ymbūtan, Mt. 8, 18.
circumcidere: ymbsnīðan (ymsnīðan) Lk. 1, 59. J. 7, 22.
———, Lk. 2, 21.
circumcisio: ymbsnidennyss, J. 7, 22.
———, J. 7, 23.
circumdare: betrymian, Mk. 19, 43. Lk. 21, 20.
 betȳnan, Mt. 21, 33. Mk. 12, 1.
 scrȳdan, Mt. 27, 28. J. 19, 2.
 behabban, Lk. 19, 43.
 bestandan, J. 10, 24.
 gecnyttan, Mk. 9, 41.
 stupor enim circumdederat eum = hē wundrode, Lk. 5, 9.
circumferre: beran, Mk. 6, 55.
circumfulgere: ymbescīnan, Lk. 2, 9.
circumire: beféran, Mt. 4, 23; 23, 15. Mk. 6, 6.
 ymbfēran, Mt. 9, 35.
 egressi autem circuibant = fērdon hig ðurh, Lk. 9, 6.
circumponere: settan, Mk. 15, 36. J. 19, 29.
circumsedere: ætsittan, Lk. 22, 55.
circumspicere: besēon, Mk. 5, 32; 9, 7; 10, 23.
 besċēawian, Mk. 3, 5; 11, 11.
 behealdan, Mk. 3, 34.
 gescēawian, Lk. 6, 10.
circumstare: ābūtan standan, Mk. 14, 69; 15, 35.
 ymbūtan (embe-ūton) standan, Mk. 14, 47. J. 11, 42.
 embe standan, Lk. 12, 1.
cito: raðe (hraðe), Mt. 5, 25. Mk. 9, 38. Lk. 14, 21; 15, 22; 16, 6; 18, 8. J. 11. 29.
 hrædlice, Mt. 28, 7.
 mid ofste, J. 11, 31.
citius: raðor, J. 20, 4; raðe, J. 13, 27.
civis: burhsittende man, Lk. 15, 15.
 lēode, Lk. 19, 14.
civitas: ceaster (cester, cæster) (62).

burg (burh), Mt. 10, 23; 11, 1. 20; 14, 13; 21, 17. 18; 22, 7; 23. 34. Mk. 6, 33. Lk. 4, 29. J. 4, 28. 30; 11, 54.
 burhwaru (burhware), Mt. 20, 10. Mk. 1, 33. Lk. 7, 12.
———, Lk. 23, 19.
clam: on sunderspræce, Mt. 2, 7.
clamare: clypian (34).
 hrȳman, Mt. 8, 29; 9, 27: 11, 16; 12, 19. Mk. 5, 5. 7; 15, 13. Lk. 4, 41; 9, 39; 16, 24; 18, 38.
 clamare, dicens = cweðan, Mt. 14, 30. Mk. 11, 9. Lk. 8, 54.
clamor (*clamor factus est* = man hrȳmde and cwæð. Mt. 25, 6.)
clare: beorhtlice, Mk. 8, 25.
clarificare: geswutelian (12).
 gewuldrian, J. 12, 28.
 gebeorhtan, J. 17, 5.
———, J. 13, 32.
claritas: beorhtness (beorhtnyss), Lk. 2, 9. J. 5, 41; 17. 5. 22. 24.
claudere: belūcan (7).
 beclȳsan, Mt. 13, 15. Lk. 13, 25.
claudus: healt (10).
clavis: cæg, Mt. 16, 19. Lk. 11, 52.
clavus: nægel, J. 20, 25.
clibanus (*in clibanum* = on fen [on ofen?], Mt. 6, 30. *in clibanum mittitur* = forscrincð, Lk. 12, 28).
coaequalis: efengelic, Mt. 11. 16.
coagitare: gehēapian, Lk. 6, 38.
coangustare: geuyrwan, Lk. 19, 43.
coarctare: geðrēan, Lk. 12, 50.
coccineus: weolcenrēad, Mt. 27, 28.
caelestis: heofonlic (7).
caelum: heofon (112).
 heofone, Mt. 5, 10. 19. 20; 6, 20. 26; 8, 20; 12. 50; 13, 32. 52; 23, 22; 24. 29. 30. 35; 28, 18.
 lyft. Mt. 16, 3.
 cælo = heofonum, Mt. 6, 10; 18, 18; 21. 25; 28, 2. Mk. 10, 21. Lk. 6. 23; 10. 38. J. 3, 13. 27; 6, 32. 38. 41. 42. 50. 51. 59; 17. 1.
 regnum cælorum = Godes rīce, Mt. 19, 23.

qui in cælis est = heofonlic, Mk. 11, 26.
———, Mt. 13, 4; 18, 10; 24, 36. Mk. 4, 4.
cæna: feorm, Mk. 6, 21. Lk. 14, 12. 16. 17. 24.
gebēorscipe (gebēorscype), Mt. 23, 6. Mk. 12, 39. J. 21, 20.
ðēnung, J. 13, 2. 4.
bēorscipe, J. 12, 2.
cænaculum: heall, Mk. 14, 15. Lk. 22, 12.
cænare: etan, Mt. 26, 26. Lk. 17, 8.
geetan, Lk. 22, 20.
cæpisse: onginnan (ongynnan) (41).
āginnan (āgynnan), Mt. 24, 29. Mk. 6, 7; 14, 65. Lk. 5, 21; 12, 45; 14, 30; 20, 9; 22, 23.
weorðan, Mt. 14, 30.
beginnan, Lk. 7, 49.
genēalǣcan, Mt. 4, 17.
cæpisse videre = weorðan geednīwod, Mk. 8, 25.
cæpisse declinare = gewītan forð, Lk. 9, 12.
cæpisse egere = weorðan wǣdla, Lk. 15, 14.
———, Mt. 16, 22; 18, 24; 26, 74. Mk. 5, 17; 6, 55; 10, 41. Lk. 7, 24; 11, 29; 12, 1. J. 13, 5.
cogere: nydan, Mk. 6, 45. Lk. 24, 29.
cogitare: ðencan (21).
geðencan (geðencean), Mt. 6, 27. J. 11, 50.
illi cogitabant inter se, dicentes = cwǣdon hig betwux him, Mt. 21, 25.
cogitatio: geðanc (10).
geðōht, Lk. 2, 35.
cognatio: mǣgð, Mk. 6, 4. Lk. 1, 61.
cognatus: cūða, Lk. 1, 58; 2, 44; 14, 12; 21, 16. J. 18, 26.
cognata: mǣge, Lk. 1, 36.
cognominare: nemnan, Lk. 6, 14.
genemnan, J. 5, 2.
qui cognominabatur Iscariotes = sē wæs ōðre naman Scarioth, Lk. 22, 3.
cognoscere: gecnāwan (22).
oncnāwan, Mt. 7, 20. Mk. 2, 8;

5, 30; 8, 17; 12, 12. Lk. 1, 4. 22. 34; 2, 17; 6, 44; 7, 37; 19, 44; 24, 35. J. 8, 32; 10, 38; 13, 35; 14, 31; 17, 3; 8, 23. 25.
witan, Mt. 24, 39. Mk. 4, 13; 6, 38; 8, 17; 13, 28; 15, 45. Lk. 2, 43; 9, 11; 12, 47. 48; 19, 42; 24, 18. J. 4, 1; 5, 6; 6, 15. 70; 7, 51; 8, 52; 10, 6; 11, 56; 16, 19.
ongietan (ongytan), Mt. 21, 45. Lk. 20, 19. J. 4, 53; 7, 26; 19, 4.
cunnan, Lk. 8, 17. J. 8, 55; 14, 7. 17.
undergietan (undergytan), Mt. 7, 16. J. 8, 27; 12, 16.
gehȳran, Mt. 22, 18.
grētan, Mt. 1, 25.
gecwēman (!), J. 7. 17.
cohors: folc, J. 18, 12. (folc and ðā ðegnas J. 18, 3).
ðrēat, Mt. 27, 27.
werod, Mk. 15, 16.
coinquinare: besmītan, Mk. 15, 11. 20. Mk. 7, 15.
smītan, Mk. 15, 18.
colaphus: fȳst, Mt. 26, 27. Mk. 14, 65.
colere: wurðian, Mt. 15, 9. Mk. 7, 7.
colligere: gaderian (gadrian) (10).
gegaderian, Mt. 13, 40. J. 6, 13.
inlaðian: Mt. 25, 35. 38.
gelaðian, Mt. 25, 43.
collis: beorg (beorh), Lk. 3, 5; 23, 30.
colloqui: sprecan, Lk. 4, 36; 6, 11. J. 11, 56.
cweðan, J. 11, 56.
collum: swūra (swīra), Mt. 18, 6. Mk. 9, 41. Lk. 17, 2.
cadere super collum ejus = hine beclyppan, Lk. 15, 20.
colonus: tilia (tiligea), Mk. 12, 7. 9. Lk. 20, 9. 14. 16.
columba: culfre (10).
comburere: forbærnan, Mt. 3, 12; 13, 30. 40. Lk. 3, 17.
comedere: etan (9).
fretan, Mk. 4, 4. Lk. 8, 5.
ðēnung (!), Mt. 26, 17.
———, Mt. 23, 14.
comitatus: gefēr, Lk. 2, 44.
commemoratio: gemynd, Lk. 22, 19.
commendare: bebēodan, Lk. 23, 46. befæstan, Lk. 12, 48.

comminari — confusio.

comminari: bebēodan, Mt. 9, 30;
Mk. 4, 39; 9, 24.
bēodan, Mk. 1, 43; 8, 30; 10, 48.
cȳðan, Mk. 1, 25; 8, 33; 10, 13.
forbēodan, Mk. 3, 12.
comminuere: forbrecan, J. 19, 36.
tōcwȳsan, Lk. 20, 18.
commissura: scyp, Mt. 9, 16; Lk. 5, 36.
committere: befæstan, Mt. 25, 27.
wyrcan, Mk. 10, 11.
iturus committere bellum = wyle
faran and feohtan, Lk. 14, 31.
commodare: lænan, Lk. 11, 5.
commori: sweltan, Mk. 14, 31.
commovere: āstyrian, Mt. 24, 29. Lk.
23, 5.
onstyrian, Mt. 21, 10.
communicare: besmītan, Mk. 7, 15.
18. 20. 23.
communis: unðwogen, Mk. 7, 2.
besmiten, Mk. 7, 5.
commutatio: gewrixl (gcwryxl), Mt.
16, 26. Mk. 8, 37.
comparare: wiðmetan, Mk. 4, 30.
compellere: hātan, Mt. 14, 22.
nēadian, Lk. 14, 23.
compes: fōtcopps (fōtcops), Mk. 5,
4. Lk. 8, 29.
complacere: gelīcian (6).
complecti: beclyppan, Mk. 9, 35.
complere: gefyllan, Lk. 1, 1; 9, 31. 51.
compleri et periclitari = forhtian,
Lk. 8, 23.
complures: manig, Mk. 5, 26.
componere: lōgian, Mk. 1, 19.
comprehendere: niman, Mt. 26, 55.
Lk. 22, 54. J. 18, 12.
befōn, J. 12, 35.
gefōn, Mk. 14, 48.
gegrīpan, Mt. 4, 24.
geniman, J. 1, 5.
comprimere: ðringan, Mk. 5, 24. 31.
Lk. 8, 45.
ofðringan, Mk. 3, 9. Lk. 8, 24.
computare: tellan, Lk. 14, 28.
conari: ðenceau, Lk. 1, 1.
concedere: lȳfan, Mk. 5, 13.
concidere: ceorfan, Mk. 5, 5.
concilium: gemōt, Mt. 10, 17; 26, 59.
Mk. 15, 1. Lk. 22. 66. J. 11, 47.

geðeaht, Mt. 5, 22. Mk. 13, 9;
14, 55.
concipere: geēacnian, Lk. 1, 24. 31.
36; 2, 21.
concitare: āstyrian, Mk. 15, 11.
concludere: betēon, Lk. 5, 6.
conculcare: fortredan, Mt. 5, 13; 7,
6. Lk. 8, 5.
tredan, Lk. 12, 1.
concupiscentia: gewilnung, Mk. 4, 19.
concupiscere: gewilnian, Mt. 5, 28.
concurrere: iernan, Mk. 6, 33.
tōiernan, Mk. 9, 24.
concurrentes = tōgædere cōmon,
Lk. 11, 29.
concutere: slēan, Lk. 3, 14.
condemnare: genyðerian (9).
fordēman, J. 8, 10. 11.
hyrwan, Mk. 14, 64.
condere: gescippan, Mk. 13, 19.
condire: gesyltan, Lk. 14, 34.
syltan, Mk. 9, 49.
condiscipulus: gefēra, J. 11. 16.
conducere: āhȳrian, Mt. 20, 1.
hȳrian, Mt. 20, 7.
conferre: smēagean, Lk. 2, 19.
reccean, Lk. 24, 17.
confertus: gehēapod, Lk. 6, 38.
confestim: sōna (14).
hrædlice, Mt. 3, 16; 8, 3; 21, 3;
26, 49. Lk. 19, 11.
— — —. Mk. 4. 17.
confidere: gelīefan, Mt. 9, 2. 22; 27,
43. Mk. 6, 50.
getrūwian, Mk. 10, 24. J. 16, 33.
trūwian, Lk. 11, 22; 18, 9.
confirmare: getrymian, Lk. 22, 32.
trymian, Mk. 16, 20.
confiteri: andettan (anddettan) (8).
cȳðan, Mt. 10, 32. J. 1, 20;
12, 42.
cweðan, Mt. 7, 23. J. 1, 20.
confortare: gestrangian, Lk. 1, 80;
2, 40; 22, 43.
confricare: gnīdan, Lk. 6, 1.
confringere: forbrecan, Lk. 4, 19.
tōbrȳsan, Mt. 21, 44.
tōcwȳsan, Mt. 12, 20.
confundere: forsēon, Mk. 8, 38.
confusio: gedrēfednes, Lk. 21, 25.

congratulari: blissian mid, Lk. 1, 58; 15, 6. 9.
congregare: gegaderian (17). gaderian (gadrian), Mt. 6, 26; 12, 30; 13, 30. 47; 25, 24. 26. Mk. 13, 27. Lk. 3, 17; 12, 17. 18. J. 4, 6.
gesamnian, Mt. 13, 2; 26, 3; 27, 17; 28, 12. J. 11, 52.
tōgegaderian, Mk. 4, 1.
conjungere: gesamnian, Mt. 19, 6. Mk. 10, 9.
conjux: gemæcca, Mt. 1, 20. 24.
conquassare: forbryttan, Lk. 20, 18.
conquirere: smēagean, Mk. 8, 11; 9, 9. 15; 12, 28.
sprecan, Mk. 9, 13.
─────, Mk. 1, 27.
consentire: geðwærian, Mt. 18, 19. Lk. 23, 51.
ðafian, Lk. 11, 48.
onbūgan, Mt. 5, 25.
consequi: begytan, Mt. 5, 7.
conservare: gehealdan, Mt. 9, 17. Lk. 2, 19. 51; 4, 10; 5, 38.
conservus: efenðēow(a), Mt. 18, 29. 31. 33; 24, 49.
ðēowa, Mt. 18, 28.
considerare: bescēawian, Mt. 6, 28. Lk. 12, 24.
gesēon, Lk. 6, 41.
ongietan, Lk. 20, 23.
scēawian, Lk. 12, 27.
consilium: gemōt, Mt. 26, 4; 27, 1; 28, 12. Mk. 15, 1.
geðeaht, Mt. 12, 14. Lk. 7, 30; 23, 51.
consilium dare = dihtan, J. 18, 14.
consilium facere = ðeahtian, Mk. 3, 6.
consilium inire = onginnan rædan, Mt. 22, 15.
consolari: gefrēfran, Mt. 2, 18; 5, 5. Lk. 16, 25.
frēfrian, J. 11, 19. 31.
consolatio: frōfor, Lk. 2, 25; 6, 24.
conspectus: ansȳn, Lk. 9, 52.
gesyhð, J. 20, 30.
conspirare: gedihtan, J. 9, 22.
conspuere: spætan, Mk. 10, 34; 14,

65; 15, 19. Lk. 18, 32.
constanter: ānrædlice, Lk. 23, 10.
consternare: āfæran, Lk. 24, 4.
constituere: gesettan (10).
bebēodan, Mt. 26, 19.
bebātan, Mt. 26, 15.
dihtan, Mt. 28, 16.
settan, Lk. 12, 14.
constitutio: fruma, Lk. 11, 50.
frymð, Mt. 25, 34.
gesetedness, Mt. 13, 35.
ante constitutionem mundi = ær middan-eard gesett wæs, J. 17, 24.
consuescere: gewunian, Mt. 27, 15. Mk. 10, 1.
consuetudo: gewuna (6).
consumere: forniman, Lk. 9, 54.
consummare: geendian (11).
gefyllan, Lk. 2, 21. 43; 4, 2. 13. Lk. 18, 31. J. 19, 28.
āmyrran, Lk. 15, 14.
befaran, Mt. 10, 23.
consummari = bēon fornumen, Lk. 13, 32.
consummatio: endung, Mt. 13, 39. 40. 49.
geendung, Mt. 24, 3. 14; 28, 20.
consurgere: ārīsan, Mt. 2, 21. Mk. 13, 12. Lk. 5, 25.
winnan, Mt. 24, 7. Mk. 3, 26.
contaminare: besmītan, J. 18, 28.
contemnere: oferhogian, Mt. 18, 10. Mk. 9, 11.
forhogian, Lk. 16, 13.
bēon ungehȳrsum, Mt. 6, 24.
contendere: flītan, Mt. 5, 40; 12, 19.
efstan, Lk. 13, 24.
contenebrare: āðēostrian, Mk. 13, 24.
contentio (*facta est contentio* = hī flitun, Lk. 22, 24).
contentus: ēðhylde, Lk. 3, 14.
conterere: tōbrȳsan, Mt. 21, 44.
─────, Lk. 4, 18.
conterrere: āfæran, Lk. 24, 37.
contexere: āwefan, J. 19, 23.
continere: gehealdan, Mk. 9, 9.
contingere: gebyrian, Lk. 8, 42; 15, 12; 21, 13.

gelimpan, Mt. 18, 13.
getīdan, J. 5, 14.
continuo: hrædlice (11).
sōna, Mt. 21, 19. Mk. 6, 54; 9, 23; 11, 3. Lk. 4, 39; 8, 55.
ðærrihte (ðárrihte), Mt. 4, 20. J. 4, 27; 13, 30.
samninga, Lk. 22, 60.
————, J. 13, 82.
contra: ongēn (ongēan) (14).
āgēn, Mk. 4, 35. Lk. 21, 10.
æt, Mt. 27, 61.
on, Mt. 12, 25.
contradicere: wiðcweðan, Lk. 2, 34; 21, 15.
wesan wiðersaca, J. 19, 12.
contrarius: strang, Mt. 14, 24.
wiðerweard, Mk. 6, 48.
contristare: geunrētan, Mt. 14, 9. Mk. 3, 5; 6, 26; 10, 22. Lk. 18, 23.
geunrōtsian, Mt. 17, 22; 18, 31; 26, 22.
unrōtsian, Mt. 26, 37.
bēon drēorig, Mk. 14, 19.
bēon unrōt, J. 16, 20.
wesan sārig, J. 21, 17.
contubernium: ————, Mk. 6, 39.
contumelia: tēona, Mt. 22, 6. Mk. 12, 4. Lk. 11, 45; 20, 11.
conturbare: gedrēfan, Mk. 6, 50; 9, 19. Lk. 24, 37.
convenire: cuman (7).
tōgædere cuman, Mt. 27, 62. Mk. 2, 2; 6, 30; 14, 53. Lk. 22, 66. J. 18, 20.
tōcuman, Mk. 3, 20; 5, 21.
wesan ðæslic, Mk. 14, 56. 59.
cuman tō wyrceanne, Mt. 20, 13.
gān tōgædere, Mt. 22, 34.
helpan, Lk. 5, 36.
wesan gesamnod, Mt. 26, 57.
tōsomne becumau, Mt. 1, 18.
conventio: gecwedrǣden, Mt. 20, 2.
conversari: wunian, Mt. 17, 21.
convertere: bewendan (18).
gecyrran, Mt. 13, 15; 18, 3. Lk. 1, 16. 17; 17, 4. J. 12, 40.
gescyrian, Mk. 4, 12.
gewendan, Mt. 7, 6. Lk. 22, 32.

besēon, Mt. 16, 23. J. 1, 38.
dōn, Mt. 26, 52.
conviciari (*conviciabantur* = wǣron mid gebundene (!), Mk. 15, 32).
convivium: gebēorscipe, Lk. 5, 29; 9, 14; 14, 13; 20, 46.
convocare: clypian, Mk. 12, 43. Lk. 7, 19; 15, 9; 18, 6.
tōgædere geclypian, Mt. 15, 10. 32. Mk. 3, 23; 8, 34.
tōsomne clypian (geclypian), Mk. 8, 1; 15, 16. Lk. 15, 6.
gegaderian, Lk. 16, 5.
tōsomne gecīgan, Mt. 10, 1.
————, Lk. 23, 13.
cooperari: midwyrcan, Mk. 16, 20.
cooperire: scrȳdan, Mt. 25, 36. 38. 43.
oferwrēon, Mt. 6, 29. Mk. 16, 5.
cophinus: wylig, Mt. 14, 20; 16, 9. Mk. 6, 43; 8, 19. J. 6, 13.
cȳpa, Lk. 9, 17.
copiosus: mycel (micyl), Mt. 5, 12; 28, 12. Lk. 5, 6; 6, 17; 7, 11.
cor: heorte (60).
mundum cor = clǣnheort, Mt. 5, 8.
coram: beforan (31).
corban: corbān, Mk. 7, 11.
corbona: māðmcyst, Mt. 27, 6.
cornu: horn, Lk. 1, 69.
corona: cynehelm, Mt. 27, 29. J. 19. 2. 5.
helm, Mk. 15, 17.
corporalis: līchamlic, Lk. 3, 22.
corpus: līchama (38).
līc, Mk. 6. 29. J. 20. 12.
hold, Mt. 24, 28.
sensit corpore = on hire gefrēdde, Mk. 5, 29.
corrigia: sceoðwang. Lk. 3, 16. J. 1. 27.
ðwang, Mk. 1. 7.
corripere: styrian, Mt. 18, 15.
geðrēan, Lk. 3, 19.
ðrēagean, Lk. 23, 22.
corrumpere: gewemman, Lk. 12, 33.
corus: mitta, Lk. 16, 7.
coruscare: lȳhtan, Lk. 17, 24.

corvus: hrefn, Lk. 12, 24.
cotidianus: dæghwāmlic, Lk. 11, 3.
cotidie: dægbwāmlic, Mt. 26, 55.
   Mk. 14, 49.   Lk. 16, 19; 19, 47;
   22, 53.
———, Lk. 9, 23.
couti (*coutuntur* = brūcað metes
   ætgædere, J. 4, 9.)
crapula: oferfyll, Lk. 21, 34.
cras: tō morgen, Mt. 6, 30. Lk. 12, 28;
   13, 32. 33.
crastinus: morgenlic, Mt. 6, 34.
   on mergen, J. 1, 43; 12, 12.
creatura: gesceaft, Mk. 10, 6; 13, 19;
   16, 15.
crebro: gelōmlice, Mt. 17, 14. Mk. 7, 3.
credere: gelīefan (135).
   betǣcan, Lk. 16, 11.
   geswutelian, J. 2, 24.
credentes = ðurh ðone gelēafan,
   Lk. 8, 12.
crescere: weaxan (11).
cribrare: hrīdrian, Lk. 22, 31.
crimen: leahtor, Mt. 12, 3.
crucifigere: āhōn (16).
   hōn, Mt. 23, 34. Mk. 15, 13.
cruciari: cwylman, Lk. 16, 24. 25.
crus: sceanca, J. 19, 31. 32. 33.
crux: rōd (12).
   cwylming, Mt. 10, 38. Mk. 8, 34.
   Lk. 9, 23; 14, 27.

cubiculum: bedclȳfa, Mt. 6, 6.
   beddcofa, Lk. 12, 3.
cubile: rest, Lk. 11, 7.
cubitus: eln, Mt. 6, 27. Lk. 12, 25.
   J. 21, 8.
culex: gnæt, Mt. 23, 24.
cultor: gecoren, J. 9, 31.
cupere: gewilnian, Mt. 13, 17. Lk.
   15, 16: 16, 21; 23, 8.
cura: caru, Lk. 10, 40; 21, 34.
   lācnung, Lk. 9, 11.
curam illius habere = begȳman
   hys, Lk. 10, 35.
esse cura = wandian, Mt. 22, 16.
curam ejus agere = hine lācnian,
   Lk. 10, 34.
curare: gehǣlan (17).
   hǣlan, Mt. 9, 35; 10, 1. 8; 12, 10;
   12, 15. 22; 14, 14. Mk. 3, 15.
   Lk. 9, 6; 10, 9; 13, 14; 14, 3.
   rēcan, Mk. 12, 14.
currere: iernan (6).
   fēran, Mt. 27, 48.
custodia: heordrǣden, Mt. 27, 65.
   hyrdnys, Lk. 21, 12.
custodire: healdan (8).
   gehealdan, Mt. 19, 20. Lk. 8, 29;
   11, 21. 28. J. 12, 25.
custos: weard, Mt. 27, 66; 28, 4. 11.
cyminum: cymyn, Mt. 23, 23.

D.

dæmon: ðēofol (6).
dæmonium: dēofol (24).
   dēofolsēocness (-nyss, -niss), Mt.
   4, 24; 8, 33; 11, 18. Mk. 1, 34.
   39; 3, 15. 22; 5, 16; 6, 13; 9, 37;
   16, 9. Lk. 4, 33; 7, 33; 8, 27;
   9, 1. 49; 10, 17; 11, 14. 15. 18;
   13, 32.
   wōd man, J. 10, 21.
dæmonium habere = dēofolsēoc,
   Mt. 8, 16; 9, 32; 12, 22.
   wōd man, J. 10, 21.
   wesan wōd, Mk. 1, 32. J. 8, 48.
   49. 52.
———, Lk. 4, 35.

damnare: fordēman, Mt. 27, 3.
   genyðerian, Mk. 10, 33.
damnatio: genyðerung, Lk. 20, 47;
   23, 40; 24, 20.
dare: syllan (201).
   gesyllan, Mt. 7, 7; 12, 39; 13, 11.
   12. Mk. 14, 5. Lk. 8, 10. 18;
   11, 29; 12, 48; 19, 26; 22, 19.
   J. 1, 17; 3, 27; 7, 39.
   āgiefan, Lk. 7, 15.
   beran, Mk. 4, 7.
   bringan, J. 1, 22.
   dōn, Mt. 24, 24.
   rȳman, Lk. 14, 9.
   secgean, J. 9, 24.

sendan, Lk. 12, 51.
slēan, Mt. 26, 67.
wyrcean, Mk. 13, 22.
consilium dare = dihtan, J. 18, 14.
mandatum dare = bebēodan, J. 11, 56; 12, 49; 14, 31.
mutuum dare = lǣnan, Lk. 6, 34.
vocem dare = crāwan, Mk. 14, 30.
alapam dare = slēan mid handa, J. 18, 22.
alapas dare = plættan mid handum, J. 19, 3.
testimonium dare = wesan gecnǣwe, Lk. 4, 22.
————, Mt. 14, 9. J. 4, 14.
dealbare (*sepulcrum dealbatum* = hwīt byrgen, Mk. 23, 27).
debere: sculan (12).
āgyltan, Lk. 11, 4.
wesan gyltig, Mt. 23, 18.
wesan scyldig, Mt. 23, 16.
debilis: wanhāl, Mt. 15, 30; 18, 8. Mk. 9, 42. Lk. 14, 13. 21.
debitor: gafolgylda, Lk. 7, 41; 16, 5.
gyltend, Mt. 6, 12.
scyldig, Lk. 13, 4.
debitum: gylt, Mt. 6, 12; 18, 27. 32.
————, Mt. 18, 30. 34.
decem: tȳn (15).
decem et octo = ehtatȳn, Lk. 13, 4. 11. 16.
deceptio: swicdōm, Mk. 4, 19.
decertare: feohtan, J. 18, 36.
decere: gedafnian, Mt. 3, 15.
decidere: feallan, Lk. 13, 25.
decima: tēoðung, Lk. 18, 12.
decimare: tēoðian, Mt. 23, 23. Lk. 11, 42.
decimus: tēoða, J. 1, 39.
declinare: būgan, J. 5, 13.
gewītan forð, Lk. 9, 12.
hyldan, Lk. 24, 5.
decollare: behēafdian, Mt. 14, 10. Mk. 6, 16. 27. Lk. 9, 9.
decumbere: sittan, Mk. 1, 30.
decurio: gerēfa, Mk. 15, 43. Lk. 23, 50.
decurrere: yrnan, Lk. 22, 44.

deesse: wesan wana, Mt. 19, 20. Mk. 10, 21. Lk. 18, 22; 22, 35.
————, Lk. 21, 4.
deficere: getēorian (6).
non deficiens = ungetēorud, Lk. 12, 33.
definire: forestihtian, Lk. 22, 22.
de foris: ūte, Lk. 11, 39. 40.
wiðūtan, Mt. 23, 25. 26.
defraudare: berēafian, Lk. 19, 8.
defunctus: dēad, Mt. 9, 18; 22, 25. Lk. 7, 12.
forðfaren, Mt. 2, 19. 20.
defuncta est = forðfērde, Mt. 22, 27. Mk. 12, 22.
deinceps: syððan, Lk. 7, 11; 8, 1.
deinde: syððan, Mk. 4, 17. 28. Lk. 8, 12. J. 20, 27.
eft, Mk. 8, 25. J. 19, 27.
æfter, J. 11, 8; 13, 5.
ðā, Lk. 16, 7.
deintus: inne, Lk. 11, 40.
————, Lk. 11, 7.
deliciæ: ēstas, Lk. 7, 25.
delietum: gylt, Mt. 6, 14. Mk. 3, 29.
deliramentum: woffung, Lk. 24, 11.
demergere: besencan, Mt. 18, 6.
gesencan, Lk. 10, 15.
demoliri: forniman, Mt. 6, 19. 20.
demonstrare: geswutelian, Mt. 3, 7. Mk. 14, 15. J. 5, 20.
demorari: wunian, J. 3, 22.
denarius: peneg (pening, peninc) (13).
————, Lk. 20, 24.
denegare: wiðsacan, Mk. 8, 34.
dens: tōð (9).
denuo: ednīwe, J. 3, 3. 7.
āgēn, Mk. 14, 40.
deorsum: nyðer, Mt. 4, 6. Lk. 4, 9. J. 8, 6. 23.
nyðerweard (neoðewerd), Mt. 27, 51. Mk. 15, 38.
. Mk. 14, 66.
deponere: ālecgan, Lk. 23, 53.
āweorpan, Lk. 1, 52.
nyðer settan, Mk. 15, 36.
deprecari: biddan (7).
deprecatio: bēn, Lk. 1, 13.
deprehendere: āfindan, J. 8, 4.

āparian, J. 8, 3.
deputare: getellan, Lk. 22. 37.
derelinquere: forlǣtan. Mt. 27. 46. Mk. 15, 34.
deridere: tǣlan, Mt. 9, 24. Lk. 8. 53; 16. 14; 23. 35.
descendere: cuman (13). fēran, Lk. 2, 51; 4. 31; 6. 17; 9. 37; 10, 30. 31; 18. 14.
āstīgan, Mt. 28. 2. Mk. 1. 10; 9. 8; 15, 32. Lk. 3, 22.
faran, J. 2. 12; 4. 47. 49. 51.
gān, Mt. 14. 29; 17. 9. Lk. 5, 2. J. 21, 9.
nyðerstīgan, Mt. 3. 16. Lk. 17, 31. J. 1, 33. 51.
nyðergān, Mt. 24. 17; 27. 40. 42.
nyðercuman, J. 1, 32; 3. 13. stīgan, Mk. 13. 15; 15. 30.
wendan, Mk. 3, 22.
wesan, J. 5, 7.
nyðerāstīgan, Mt. 8, 1.
nyðerfaran, Mt. 11, 23.
festinans descendere = efstan, Lk. 19. 5. 6.
——. J. 6, 16.
descensus: nyðerstige, Lk. 19. 37.
describere: tōmearcian, Lk. 2. 1.
descriptio: tōmearcodness, Lk. 2. 2.
desertum: wēsten (22). wēsðen. Mt. 11. 7.
desertus: wēste (10). forlǣten, Lk. 13. 35.
deservire: ðēnian. Mk. 3, 9.
desiderare: gewilnian. Mk. 14. 63. Lk. 17. 22; 22. 15.
gȳman. Lk. 22, 71.
habban nēode, Lk. 19, 31.
desiderium: gewilnung. Lk. 22, 15.
willa. J. 8, 44.
designare: gemearcian, Lk. 10. 1.
desolare: tōweorpan, Mt. 12. 25. Lk. 11, 17.
desolatio: tōworpenness (tōworpedness), Mt. 24, 15. Mk. 13, 14. Lk. 21. 20.
despoliare: berēafian, Lk. 10, 30.

desponsare: beweddian. Mt. 1, 18. Lk. 1, 27; 2, 5.
destruere: tōweorpan (tōwurpan)(7).
desuper: on uppan, Mt. 21, 7. ufan, J. 19, 11.
desursum: ufenan, J. 3, 31.
deterior: wyrsa (wyrs), Mk. 5. 26. J. 2, 10; 5. 14.
detestari: ǣtsacan, Mt. 26. 74.
detinere: behabban. Lk. 4. 42. on wesan. J. 5. 4.
detrimentum: forwyrd, Mt. 16, 26. Mk. 8, 36. Lk. 9, 25.
Deus: God (35).
devorare: forswelgan. Mk. 12. 40. Lk. 20. 47.
āmyrran, Lk. 15. 30.
devorator: swelgend. Lk. 7, 34.
dexter: swȳðra (26).
——. Mt. 25. 34.
diabolus: dēofol (14).
dicere [omitted].
didrachma: gafol, Mt. 17. 23.
dies: dæg (168).
dies festus = frēolsdæg. Mt. 26. 5. Mk. 14, 2. Lk. 21. 1; 23. 17. J. 2, 23; 4. 45; 5. 1; 6. 4; 7. 2. 8. 10. 11; 11. 56; 12. 12. 20; 13, 29. symmeldæg. Mk. 15. 6.
dies sabbati = restedæg, Lk. 4. 16; 13, 14. 16; 14. 5.
dies solemnis Paschæ = ēasterdæges frēolstīd, Lk. 2, 41.
dies festus Paschæ = ēsterfrēolsdæg, J. 13, 1.
dies festivitatis = frēolsdæg, J. 7, 37.
dies sabbati = symbeldæg, Mt. 27, 15.
——. Mk. 4. 35. Lk. 2. 42; 24. 7. J. 20. 19.
diffamare: forwrēgan. Lk. 16. 1. gewīdmǣrsian, Mt. 9. 31.
wīdmǣrsian, Mk. 1, 45.
difficile: earfoðlice, Mt. 19. 23. Mk. 10, 23. 24. Lk. 18, 24.
digitus: finger (8).
dignus: wyrðe (wurðe) (20). medeme. Mt. 3. 8.
ðǣslic, Lk. 23. 15.

2

facite ergo fructus dignos poenitentiæ = dōð geornlice dædbōte wæstmas, Lk. 3, 8.
——— —, Lk. 7, 7; 12, 48; 23, 41.
dijudicare: tōcnāwan Mt. 16, 4.
dilaniare (vix discedit dilanians cum = hyne tyrð and slīt, Lk. 9, 39).
dilatare: tōbrǣdan, Mt. 23, 5.
dilectio: lufu (7).
dilectus: lēof, Mt. 17, 5. Lk. 9, 35; 20, 13.
diligenter: geornlice, Mt. 2, 8. Lk. 1, 3; 15, 8.
georne, Mt. 2, 7.
diligere: lufian (52).
gecēosan, Mt. 3, 17; 12, 18. Lk. 3, 22.
gelufian, Mk. 1, 11; 12, 33. See also *dilectus*.
diluculum: dægrǣd, Lk. 24, 1. J. 8, 2.
———, Mk. 1, 35.
diluvium: flōd, Mt. 24, 38. 39. Lk. 17, 27.
dimidium: healf, Mk. 6, 23. Lk. 19, 8.
dimittere: forlǣtan (53).
forgiefan, Mt. 6, 12. 14. 15; 9. 5. 6; 18, 21. 27. 32; 27, 15. 21. 26. Mk. 2, 5. 7. 9. 10; 3, 28; 4, 12; 11, 25. 26; 15, 6. 9. 11. 15. Lk. 5, 21. 23. 24; 6, 37; 7, 47. 49; 11, 4; 17, 4; 23, 17. 18. 23. 25. 34. J. 18, 39.
lǣtan, Mt. 5, 40; 8, 22. Mk. 7, 12; 8, 3; 11, 3. 6; 12, 19. Lk. 9, 12; 13, 8.
āgiefan, Mt. 27, 17.
dimittere in remissionem = gehǣlan, Lk. 4, 19.
———, Lk. 17, 3.
dipondius: helfling, Lk. 12, 6.
directum: geriht, Lk. 3, 5.
dirigere: gereccan, Lk. 1, 79.
gerihtan, J. 1, 23.
diripere: berēafian, Mt. 12, 29. Mk. 3, 27.
rēafian, Mk. 3, 27.
dirumpere: tōslītan, Mt. 7, 6. Mk. 5, 4.

tōbrecan, Mk. 2, 22.
discedere: gewītan (8).
fēran, Lk. 5, 13; 7, 24,
faran, Mk. 5, 17. Lk. 2, 15.
gān, Lk. 9, 33.
nyðerāstīgan (!), Lk. 21, 21.
———, Lk. 9, 39.
discere: leornian (6).
befrīnan, Mt. 2, 7.
discerpere: slītan, Mk. 1, 26; 9, 25.
discipulus: leorningcniht (222).
cniht, Mk. 3, 9; 6, 29. Lk. 19, 29.
———, Mt. 8, 25; 15, 36. Mk. 2, 18; 8, 33. Lk. 19, 37. J. 6, 16; 21, 1.
discubitus: setl, Mk. 12, 39. Lk. 20, 46.
discumbere: sittan (25).
gesittan, Lk. 7, 36.
discus: disc, Mt. 14, 8. 11. Mk. 6. 25. 27. 28.
dispensator: dihtnere, Lk. 12, 42.
dispergere: tōdrǣfan, Mt. 26, 31. Mk. 14, 27. J. 10, 12; 11, 52.
tōdǣlan, Lk. 1, 51.
tōfaran, J. 16, 32.
tōstrēdan, Lk. 11, 23.
dispersio: tōdrǣfedness, J. 7, 35.
dispertire: tōdǣlan, Mk. 3, 25. 26.
disponere: dihtan, Lk. 22, 29.
disputare: smēagean, Mk. 9. 33.
dissensio: ungeðwǣrnes, J. 7, 43; 10, 19.
disserere: reccan, Mk. 4, 34.
dissipare: forniman, Lk. 9, 39. 42.
forspildan, Lk. 15, 13; 16, 1.
dissolvere: tōwurpan, Mk. 14, 58.
distribuere: tōdǣlan, Lk. 11, 22. J. 6, 11.
dǣlan, Lk. 9, 16.
diurnus (diurno = wið hys dæges worce, Mt. 20, 2).
diversorium: cumena hūs, Lk. 2, 7; 22, 11.
divertere: faran, Lk. 9, 12.
gecyrran, Lk. 19, 7.
dives: welig (weli) (15).
ofermōd, Lk. 1, 53.
———, Lk. 6, 24; 16, 21.
dividere: tōdǣlan (10).

dælan, Mk. 6, 41; 15, 24. Lk.
12, 13; 15, 12; 22, 17; 23, 34.
bēon wiðerweard, Mt. 12, 25.
bēon twyrǣde, Mt. 12, 25.
divisor: dǣlend, Lk. 12, 14.
divitiæ: woruldwela, Mt. 13, 22. Mk. 4, 19.
wela, Lk. 8, 14.
divulgare: gewīdmǣrsian, Mt. 28, 15. Lk. 1, 65; 4, 37.
docere: lǣran (55).
gelǣran, Mt. 13, 52.
————, Mt. 21, 23. J. 8, 20.
docibilis: ēaðlǣre, J. 6, 45.
doctor: lārēow, Mt. 22, 35. Lk. 2, 46; 5, 17.
doctrina: lār (15).
dolere: sārian, Lk. 2, 48.
dolor: sār, Mt. 24, 8. Mk. 13, 8.
dolus: fācen, Mt. 26, 4. Mk. 7, 22; 14, 1. Lk. 20, 23. J. 1, 47.
domare: gewyldan, Mk. 5, 4.
domesticus: gehūsa, Mt. 10, 36.
————, Mt. 10, 25.
domicilium: scrǣf, Mk. 5, 3.
dominari: wealdan, Mt. 20, 25. Lk. 22, 25.
habban anweald, Mk. 10, 42.
dominus: hlāford (hlāfurd) (50).
drihten (dryhten), Mt. 15, 27; 25, 11. Lk. 13, 25.
lēof, J. 12, 21.
domus: hūs (116).
hām, Mt. 9, 28. Mk. 9, 32. Lk. 7, 10; 9, 61; 15, 6. J. 4, 53; 11, 20.
hīwrǣden, Mt. 10, 6. Lk. 19, 9. J. 2, 17.
heall, Mt. 9, 23.
inn, Mt. 13, 36.
——, Mt. 13, 1; 23, 14. Mk. 3, 20. 25; 7, 17. Lk. 7, 25.
donare: forgiefan, Lk. 7, 21. 42. 43.
āgicfan, Mk. 15, 45.
donec: ōð (13).
ǣr, Mt. 5, 26; 16, 28; 17, 9; 24, 39.

ebrietas: druncenness, Lk. 21, 34.
ebriosus: druncen, Mt. 24, 49.

Mk. 12, 36. Lk. 9, 27; 12, 59; 22, 16. 18. 34. J. 13, 38.
ǣrðām (ǣrðan), Mt. 5, 18; 10, 23; 12, 20; 23, 39; 24, 34. Mk. 13, 30. Lk. 13, 35; 21, 32. J. 9, 18.
ōððæt, Mt. 18, 30; 22, 44; 26, 36.
ðā hwīle ðe, Lk. 17, 8. J. 9, 4.
————, Mt. 1, 25.
donum: giefu (gifu, gyfu), Mk. 7, 11. Lk. 21, 5. J. 4, 10.
offrung, Mt. 23, 18. 19.
dormire: slǣpan (21).
sāwan (!), Mk. 4, 27.
dormitare: slǣpan, Mt. 25, 5.
dormitio: slǣp, J. 11, 13.
drachma: scylling, Lk. 15, 8. 9.
dubitare: twȳnian, Mt. 14, 31; 28, 17.
ducatus (*ducatum præstare* = lǣdan, Mt. 15, 14).
ducenti: twā hundred, Mk. 6, 37. J. 6, 7; 21, 8.
ducere: lǣdan (21).
gelǣdan, Mt. 4, 1; 5, 32; 7, 13. 14; 10, 18; 19, 9. Lk. 10, 34; 23, 32.
niman (nyman), Mt. 22, 24. Mk. 10, 11. Lk. 16, 8.
ālǣdan, Mk. 11, 7.
fetian, Mt. 22, 25.
lǣðan (lǣdan?), Mk. 13, 11.
uxores ducere = wīfian, Lk. 17, 27.
captivos duci = bēon hæftlingas, Lk. 21, 24.
————, Mt. 22, 24.
duo: twēgen (twēgyn, twā) (93).
duodecim: twelf (44).
leorningcnihtas, Lk. 18, 31.
————, Mt. 20, 17.
duplo: twyfealdlicor, Mt. 23, 15.
duritia: heardness, Mt. 19, 8. Mk. 10, 5; 16, 14.
durus: heard, Mt. 25, 24. J. 6, 61.
dux: lāttēow, Mt. 15, 14; 23, 16. 24.
heretoga, Mt. 2, 6.

E.

ecce: nū (47).
ðā, Mt. 2, 1. 13; 8, 2. 24. 34; 9, 2.

2*

3. 10. 18. 20; 12, 46; 20, 30; 26,
47; 28, 11. Lk. 2, 9. 25; 5, 18;
7, 12. 25. 37; 8, 41; 9, 30. 38;
10, 25; 14, 2; 23, 50; 24, 4. 13.
hēr is (hēr synt), Mt. 11, 19; 12,
18. Mk. 3, 32. 34; 16, 6. Lk. 1,
38; 17, 23; 19, 20; 22, 38. J.
1, 29. 36. 47; 19, 5. 14. 26. 27.
sōðlice, Mt. 1, 23; 2, 9; 3, 17; 13,
3; 17, 5; 28, 7. Lk. 1, 48.
witodlice, Mt. 2, 19; 12, 47; 23,
38; 24, 25. 26. 51. Mk. 10, 28;
13, 21.
efne, Lk. 11, 31; 13, 30; 15, 29;
17, 21.
efne ðā, Mt. 15, 22; 17, 3. 5; 28, 9.
ðā wæs ðār (ðær), Mt. 12, 10;
Lk. 5, 12; 13, 11; 19, 2.
hēr, Mt. 24, 26; 25, 25.
ðærrihte, Mt. 3, 16; 8, 32; 27, 51.
lōca nū, Mk. 2, 24. J. 11, 36.
ðonne, Mt. 7, 4; 11, 41.
lōca, Lk. 2, 34.
lōca hū, Mk. 11, 21.
ðā cōm, Lk. 22, 47.
ðār is, Lk. 17, 23.
ðēah hwæðere, Lk. 22, 21.
ecce hic = ðēs is, Mt. 12, 41. 42.
Lk. 7, 34; 11, 32.
————, Mt. 1, 20; 4, 11; 8, 29;
9, 32; 12, 49; 23, 34; 28, 2. 20.
Mk. 4, 3. Lk. 1, 44; 2, 48; 13,
32; 18, 28. 31; 23, 15. 29. J.
18, 21.
ecclesia: cyrice, Mt. 16, 18.
gefērrædden, Mt. 18, 17.
edere: etan (10).
edicere: gelæran, Mt. 28, 15.
edictum: gebod, Lk. 2, 1.
edisserere: āreccan, Mt. 13, 36; 15, 15.
educere: lædan, Mk. 8, 23; 15, 20.
J. 10, 3.
ūtēon, Lk. 6, 42. J. 18, 10.
ābrēdan, Mk. 14, 47.
gelædan, Lk. 24, 50.
tēon, J. 19, 16.
ūppātēon, Mt. 13, 48.
efferri: geberan, Lk. 7, 12.
effieri: bēon geworden, Mt. 13, 22;
18, 3. Mk. 4, 19.

bēon, J. 15, 8.
sanus fuerat effectus = gehæled
wæs, J. 5, 13.
effigies: hīw, Mk. 16, 12.
effodere: delfan, Mt. 6, 19. 20.
effundere: āgēotan (10).
egenus: ðearfa, J. 12, 5. 6.
ðearfende man, J. 13, 29.
egere: beðurfan, Lk. 5, 31.
wītnian (wilnian?), Mt. 26, 65.
cœpisse egere = weorðan wædla,
Lk. 15, 14.
ego ipse, me ipsum = mē sylfne
(-on) (6); *me ipso* = mē sylfum
(-on) (10); mē, J. 5, 31.
egredi: ūtgān (13).
gān, Mt. 6, 1. 54; 8, 27; 10, 17;
11, 19; 13, 1. J. 18, 1.
fēran, Mt. 15, 21; 20, 29. Mk. 1, 5.
Lk. 9, 6.
cuman, Lk. 8, 27.
ūtāgān, Mt. 9, 32.
ingredi et egredi = gān in and
ūt, J. 10, 9.
————, Mt. 15, 22. Mk. 1, 29.
35.
ejicere: ūtādrīfan (ūtādrȳfan) (29).
ūtdrīfan, Mt. 9, 34; 10, 8. Mk. 16,
17. Lk. 9, 49; 11, 14. 19; 19, 45.
J. 9, 34. 35.
āweorpan, Mt. 8, 12; 12, 20; 12,
28; 21, 39; 25, 30. Lk. 6, 22.
ūtweorpan, Mk. 9, 46; Lk. 20, 12.
15. J. 6, 37.
ādōn, Mt. 7, 4. 5.
ādrīfan, Mk. 7, 26. J. 2, 15.
ātēon, Lk. 6. 42.
ūtāweorpan, Mt. 7, 22. J. 12, 31.
drīfan, Mk. 11, 15.
scūfan, Lk. 4, 29.
ūtādræfan, Mt. 8, 16.
weorpan, Mk. 12, 8.
— ——, Mk. 1, 43.
ejulare: gēomrian, Mk. 5, 38.
eleemosyna: ælmesse, Mt. 6, 2. 3. 4.
Lk. 11, 41; 12, 33.
elevare: ūpāhebban, Mk. 1, 31; 9,
26. Lk. 16, 23; 24, 50. J. 11,
41.

elevatis oculis = beseonde, Lk. 6, 20.
clidere: forniman, Lk. 6, 39. 42.
forgnīdan, Mk. 9, 19.
cligere: geceosan (20).
cmendare: gebētan, Lk. 23, 16.
cmerc: bicgan(bycgan,bycgean)(17.)
gebicgan, Mt. 13, 44; 27, 7.
vendentes et ementes = ceapodun, Mt. 21, 12.
emittere: āsendan, Mt. 15, 17; 27, 50. Mk. 15, 37.
ūtlædan, J. 10, 4.
emundatio: clænsung, Mk. 1, 44. Lk. 5, 14.
enarrare: cȳðan, J. 1, 18.
cncœnia: templhālgung, J. 10, 22.
eo quod: for ðām (forðām) (9).
forðā, Mk. 4, 6.
ephphetha: effeta, Mk. 7, 34.
epulari: gewistfullian, Lk. 15, 23. 29. 32; 16, 19.
gewistian, Lk. 12, 19.
gewistlæcan, Lk. 15, 24.
eradicare: āwurtwalian (āwyrtwalian), Mt. 13, 29; 15, 13. Lk. 17, 6.
erga: embe, Lk. 10, 41.
ergo: ðā (ðā ... ðā) (58).
eornostlīce (eornustlice), Mt. 2, 1; 3, 8. 10; 5, 19. 23. 48; 6, 2. 8. 9. 23. 31. 33; 7. 24; 10, 16. 26. 32; 13, 40; 17. 25; 20, 9. Mk. 12, 20; 13, 35. Lk. 6, 36.
witodlīce, Mt. 23, 20; 24, 42; 28, 19. Lk. 3, 9; 11, 13; 14, 33. J. 4, 28; 6, 3. 19; 8, 19; 10, 39; 11, 47; 18, 8. 37; 19, 6; 20, 6; 21, 6. 7. 23.
sōðlīce, Mt. 13, 18. Mk. 12, 27. Lk. 3, 7; 13, 18. J. 19, 42.
nū, Mt. 16, 4; 27, 64.
ðonne, Mt. 12, 26.
nū witodlīce, Mt. 22, 9.
tō mēde, Mt. 19, 27.
witodlīce ... ðā, J. 21, 21.
si ergo = eornustlīce nū, Mt. 7, 11.
nonne ergo = hū ne, Mt. 18, 33.
propterea ergo = ðæs ðē mā, J. 5, 18.

———, Mt. 6, 34; 9, 38; 10, 31; 13, 27. 56; 15, 33; 17, 10; 18, 4; 19, 6. 7. 25; 21, 26. 40; 22, 17. 21. 28. 43. 45; 24, 15. 26; 25, 27; 26, 54. Mk. 9, 10; 10, 9; 11, 31; 12, 9. 23. 37; 13, 23; 15, 12. Lk. 3, 8. 10; 7, 31. 42; 8, 18; 10, 2. 40; 11, 35. 36; 12, 7. 26; 13, 7. 14; 15, 28; 16, 11; 20, 5. 15. 17. 25. 29. 33. 44; 21, 8. 14; 22, 36. 70; 23, 16. 22. J. 1, 21. 22. 25; 3, 29; 4, 1. 11. 25. 30. 33. 40; 4, 45. 46. 48; 6, 5. 10. 11. 13. 14. 15. 21. 24. 28. 32. 34. 42. 43. 63; 7, 28, 30; 8, 5. 24. 36; 9, 7. 10. 15. 16. 17. 18. 19. 24. 25. 26. 28; 10, 7. 31; 11, 3. 6. 31. 33. 45. 53. 56; 12, 1. 3. 12. 19. 21. 29. 50; 13, 12. 14. 22. 24. 30. 31; 18, 3. 6. 11. 12. 40; 19, 1. 16. 20. 30. 31. 40; 20, 3. 8. 19. 21; 21, 9.
erigere: ārǣran, Lk. 1, 69; 13, 13.
ūpārīsan, J. 8, 7. 10.
erogare: dǣlan, Mk. 5, 26.
fordǣlan, Lk. 8, 43.
errare: dweligan (dwelian), Mt. 22, 29. Mk. 12, 24. 27.
losian, Lk. 18, 12. 13.
error: gedwola, Mt. 24, 24.
gedwyld, Mt. 27. 64.
erubescere: sceamian, Lk. 13, 17; 16, 3.
forsēon, Lk. 9, 26.
eructare: bodian, Mt. 13. 35.
crudire: gelǣran, Lk. 1, 4.
cruere: āholian, Mt. 5, 29; 18, 9.
esca: mete (7).
līchama (!), Lk. 12, 23.
csurire: hingrian (16).
onginnan hingrian, Mt. 4. 2.
etenim: sōðlīce, Lk. 22. 37. J. 13, 13.
witodlīce, Lk. 1, 66.
ethnicus: hǣðen, Mt. 5. 47; 6, 7; 18, 17.
etiam: ēac, Mt. 11, 9. Mk. 4, 25; 13, 22. Lk. 10, 39.
witodlīce (witudlīce), Mt. 13, 51; 26, 35. Mk. 2, 28.
gēa, J. 21, 15. 16.
ðæt ys sōð, Mt. 15, 27.

gyse hē dōð, Mt. 17, 24.
———, Lk. 8, 18; 9, 5; 10, 11.
17. 21. 30; 11, 34. 40. 45; 12,
59; 13, 7; 24, 23. J. 11, 25.
etsi: ðēah, Lk. 18, 4.
euge: geblissa, Mt. 25, 23. Lk. 19, 17.
bēo blīðe, Mt. 25, 21.
eunuchus: belistnod, Mt. 19, 12.
———, Mt. 19, 12.
evanescere: āweorðan, Mt. 5, 13.
Lk. 14, 34.
gewītan, Lk. 24, 31.
evangelium: godspell (godspel) (12).
evangelizare: bodian (10).
———, Lk. 7, 22.
evenire: becuman, Mk. 11, 24.
wesan tōweard, Mk. 10, 32.
everrere: āwendan, Lk. 15, 8.
evertere: tōbrecan, Mt. 21, 12. Mk. 11, 15.
evigilare: onwæcnan, Lk. 9, 32.
exactor: bydel, Lk. 12, 58.
ex adverso: āgēn, Mk. 15, 39.
exæstuare: forswelan, Mk. 4, 6.
exaltare: ūpāhebban (ūppāhebban) (14).
exarescere: forscrincan, Mk. 4, 6.
exaudire: gehȳran, Mt. 6, 7. Lk. 1, 13. J. 9, 31.
excæcare: āblendan, J. 12, 40.
excelsum: hēahness, Mk. 11, 10. Lk. 19, 38.
excelsus: hēah, Mt. 4, 8; 17, 1. Mk. 9, 1.
———, Lk. 4, 5.
excessus: gewītendnes, Lk. 9, 31.
excidere: āhēawan, Mt. 27, 60. Mk. 15, 46. Lk. 23, 53.
forceorfan, Mt. 3, 10; 7, 19. Lk. 3, 9.
excipere: onfōn, Lk. 8, 40; 9, 11; 10, 38; 19, 6.
underfōn, J. 4, 45.
exceptus = būton (būtan), Mt. 5, 32; 14, 21.
excitare: ārǣran, J. 2, 19. 20.
āweccan, Mk. 4, 38.
āwreccan (!), J. 11, 11.
exclamare: hrȳman (6).
clypian, Mk. 1, 26; 6, 49; 15, 34. Lk. 1, 42; 4, 38; 9, 38.

excolare: drehnigean, Mt. 23, 24.
excusare: belādian, Lk. 14, 18. 19.
excusatio: lād, J. 15, 22.
excutere: āsceacan, Mt. 10, 14. Mk. 6, 11. Lk. 9, 5.
exemplum: bȳsen, J. 13, 15.
exercere: habban, Mt. 20, 25.
exercitus: here, Mt. 22, 7. Lk. 21, 20.
hīred, Lk. 23, 11.
exhibere: sendan, Mt. 26, 53.
exhortari: lǣran, Lk. 3, 18.
exigere: onfōn, Lk. 19, 23.
exilire: forðrǣsan, Mk. 10, 50.
eximere: ābrēdan, Mt. 26, 51.
exinde: syððan, Mt. 4, 17; 16, 21; 26, 16. J. 19, 12.
exire: ūtgān (43).
gān, Mt. 5, 26; 8, 34. Mk. 1, 25. 26; 5, 2. 8. 13; 7, 20. 31; 9, 24. 25; 14, 68. Lk. 1, 9; 4, 35; 6, 19; 8, 33. 35. 38. 46; 9, 5; 10, 10; 11, 24; 12, 59; 14, 21. 23; 17, 29; 21, 37. J. 8, 59.
fēran, Mt. 3, 5; 14, 14; 25, 1; 26, 30; 28, 8. Mk. 3, 21; 8, 11; 11, 11. 12; 14, 26. 48. Lk. 3, 7; 4, 14. 41; 6, 12; 7, 17. 24. 25. 26; 8, 29; 22, 52. J. 4, 43.
faran, Mt. 13, 49; 24. 27; 25, 6; 13, 31; 14, 18. J. 1, 43; 16, 28.
cuman, Mt. 15, 18. 19; 26, 55. J. 13, 3; 16, 27. 30.
gewītan, Mk. 7, 19. 30. Lk. 4, 35; 5, 8.
ūtfaran, Mt. 12, 43; 24, 26.
forlǣtan, Mt. 11, 17.
forðgān, Mt. 2, 6.
ofgān, Mk. 5, 30.
springan, Mt. 9, 26.
ðanon gān, Mk. 6, 34.
ūtcuman, J. 21, 23.
ūtfēran, Mt. 27, 32.
ūtflōwan, J. 19, 34.
wesan, J. 17, 8.
wesan geworden, Lk. 2, 1.
———, Lk. 8, 5. J. 19, 17.
existimare: wēnan, Lk. 2, 44; 3, 15; 19, 11; 24, 37. J. 20, 15.
exitus: gelǣt, Mt. 22, 9.

exoriri: ūpgān, Mk. 4, 5. 6.
ūpspringan, Mt. 13, 5.
———, Lk. 8, 7.
expavescere: forhtian, Mk. 16, 6.
weorðan forht, Mk. 9, 14.
expectare: geanbīdian (6).
ābīdan, Mt. 11, 3. Lk. 12, 36.
onbīdan, Lk. 7, 19. 20.
gebīdan, Lk. 8, 40.
expectatio: anbīd, Lk. 21, 26.
expedire: wesan betera, Mt. 5, 29. 30; 18, 6. J. 11, 50; 18, 14.
fremian, Mt. 19, 10. J. 16, 7.
expellere: dōn, Mk. 5, 10.
genȳdan, Mk. 1, 12.
expelli foras = bēon ūt ādrifen, Lk. 13, 28.
expetere: gyrnan, Lk. 22, 31.
expirare: forðfēran, Mk. 15, 37. 39. Lk. 23, 46.
exprobrare: hyspan, Mt. 11, 20.
onhīscean, Lk. 6, 22.
tǣlan, Mk. 16, 14.
expuere: spǣtan, Mt. 26, 67; 27, 30. Mk. 7, 33; 8, 23. J. 9, 6.
exquirere: geāxian, Mt. 2, 16.
extendere: āðenian (āðenigean) (10).
āstreccan, Mt. 8, 3.
streccan, J. 21, 18.
———, Mt. 14, 31; 26, 51.
extergere: drīgan, Lk. 10, 11. J. 11, 2; 12, 3; 13, 5.

exterior: ūttra, Mt. 22, 13; 25, 30.
ȳtemest, Mt. 8, 12.
exterminare: fornyman, Mt. 6. 16.
exterrere: āfǣran, Mk. 9, 5.
āfyrhtan, Mt. 28, 4.
extinguere: ācwencan, Mt. 25, 8. Mk. 9, 47.
ādwǣscan, Mt. 12, 20.
non extinguitur = unācwencedlic, Mk. 9, 43. 45.
extollere: ———, Lk. 11, 27.
extra: of, Mt. 21, 17. Mk. 5, 10; 7, 15. Lk. 4, 29; 20, 15.
būtan, Mt. 15, 38. Mk. 8, 23. Lk. 13, 33. J. 9, 22.
wiðūtan, Mt. 21, 39. Mk. 12, 8.
extrahere: ūptēon, Lk. 14, 5.
extremus (*in extremis* = on ȳtemestum sīðe, Mk. 5, 23).
———, Lk. 16, 24.
extrinsecus: ūtan, Mk. 7, 18.
exuere: unscrȳdan, Mt. 27, 28. 31. Mk. 15, 20.
exultare: geblissian, Lk. 1, 47; 10, 21. J. 5, 35; 8, 56.
gefǣgnian (gefagnian), Mt. 5, 12. Lk. 1, 41; 6, 26.
fahnian, Lk. 1, 44.
exultatio: bliss, Lk. 1, 14.
exurgere: ārīsan (7).
wesan hrēoh, J. 6, 18.
———, Mk. 10, 1.

F.

faber: smið, Mt. 13, 55. Mk. 6, 3.
fabulari: spellian, Lk. 24, 15.
facere: dōn (200).
 geweorðan (gewurðan), Mt. 1, 22; 4, 3; 5, 18; 6, 10; 7, 28; 8, 13. 24. 26; 9, 10; 11, 1; 13, 23. 26. 58; 14, 23; 18, 19; 20, 2. 8; 21, 4. 42. 43; 22, 2; 23, 15; 24, 6. 20. 21. 22. 34; 26, 42. 56; 27, 24. 45. 54; 28, 2. 4. 11. Mk. 1, 11. 32; 2, 15. 23; 4, 11. 37; 6, 2. 14; 11, 23; 12, 10. 11; 13, 18. 19. 30; 14, 4; 15, 33. 42. Lk. 1, 8. 20. 23. 38. 41. 65; 2, 2. 6. 13. 15; 3, 2. 21. 22; 4, 3. 25. 42; 5, 17; 6, 1. 6. 48; 7, 11; 8, 1. 12. 22. 35. 36. 40; 9, 7. 18. 28. 44. 51; 10, 13. 38; 11, 1. 27; 13, 17; 14, 1; 16, 22; 17, 26. 28; 19, 9; 20, 1. 17; 21, 32; 22, 26. 42; 23, 8. 47. 48; 24, 4. 12. 18. 21. 51. J. 1, 14. 15. 17. 27. 28. 30; 2, 1. 9; 3, 9; 5, 14; 7, 43; 10, 19. 35; 13, 19; 14, 22. 29; 19, 36.
 wyrcan (wyrcean), Mt. 7, 21. 22.

24. 26; 8, 9; 12, 14. 33. 50; 13, 32. 41. 58; 17, 4; 19, 4; 20, 12; 21, 13. 15. 23. 24. 27; 23, 3; 26, 18. Mk. 2, 27; 3, 8; 6, 5. 20; 9, 4. 38; 10, 6; 15, 1. Lk. 1, 51. 72; 8, 1; 9, 25. 33; 11, 40. 45; 12, 18. 33; 14, 16; 16, 9. 16; 19, 46; 20, 2. 8. J. 2, 11. 15. 16. 23; 3, 2. 21; 4, 34. 45. 46. 54; 5, 19. 20. 29. 36; 6, 2. 14; 7, 3. 21. 31; 8, 29. 34. 39. 41. 44; 9, 6. 11. 14. 16. 31; 10, 25. 33. 37. 38. 41; 11, 47; 12, 2. 18; 14, 10. 12. 23; 15, 24; 19, 23; 20, 30; 21, 25.
wesan (bēon), Mt. 6, 16; 8, 16; 9, 16. 29; 14, 23; 20, 26; 23, 26; 24, 21. 24; 26, 2. 54; 27, 1. 57. Mk. 2, 21; 4, 32. 35; 9, 25; 10, 26. 43; 11, 19; 13, 22; 14, 35. Lk. 2, 42; 6, 13; 11, 26; 18, 26; 20, 14; 22, 14. 43. 44. 66; 23, 44. J. 1, 12; 4, 14; 5, 6. 9; 6, 19; 8, 58; 9, 22. 27. 39; 10, 22; 15, 7.
gedōn, Mt. 1. 21; 5, 36; 11, 20. 21. 23; 12, 2; 14, 30; 16, 25; 23, 15; 28, 14. Mk. 5, 14. 16. 19. 34; 8, 35; 9, 2; 10, 52; 15, 31. Lk. 1, 25; 4, 23; 6, 9; 8, 39. 48. 56; 9, 24; 10, 13; 14, 22; 17, 19. 33; 23, 37. J. 3, 21.
weorðan, Mt. 12, 45; 14, 36; 15, 6. 28; 18, 31; 26, 5. Mk. 4, 39; 6, 56; 9, 2; 14, 2. Lk. 4, 36; 6, 49; 8, 24; 9, 34; 13, 19; 15, 14; 23, 12; 6, 17.
bringan, Mt. 3, 10; 13, 26. Lk. 3, 9; 13, 9.
beran, Mt. 7, 17. 18. 19.
habban, Mk. 4, 32. Lk. 14, 12. J. 4, 1.
cuman, Mk. 14, 17. Lk. 9, 35.
fēran, Lk. 10, 33; 13, 22.
āsendan, Lk. 23, 19.
gebelimpan, Mk. 13, 7.
gegearwian, Mk. 6, 21.
gehǣlan, Mt. 9, 28.
gehȳran, Lk. 9, 36.
gemacian, J. 13, 2.
gestrȳnan, Lk. 19, 18.

healdan, J. 7, 10.
macian, Mt. 22, 2.
sellan (syllan), Mt. 6, 2. Mk. 14, 8.
ðincan, J. 8, 53.
judicium facere = dēman, J. 5, 27.
salvum facere = gehǣlan. Mt. 9, 22; 27, 42. Mk. 3, 4; 8, 35; 15, 30. Lk. 9, 24; 18, 42; 23, 35. 39.
sanum facere = gehǣlan, J. 5, 4. 11; 7, 23. hǣlan, J. 5, 15.
manifestum facere = secgean, Mt. 12, 16; geswutelian, Mt. 26, 73.
sedere facere = settan, Mt. 21, 7.
accumbere facere = sittan, Mk. 6, 39.
moram facere = uferian, Mt. 24, 48. Lk. 12, 45; yldan, Mt. 25, 5
clamor factus est = hrȳmde, Mt. 25, 6.
consilium facere = habban mycel gemōt, Mt. 26, 4; ðeahtian, Mk. 3, 6.
fieri occultus = wesan behȳdd, Mk. 4, 22.
cum jam hora multa fieret = ðā hit mycel ylding wæs. Mk. 6, 35.
aridus factus = forscruncen, Mk, 11, 20.
facere jejunare = fæstan, Lk. 5, 34.
quod factum = ðæt, Lk. 8, 34.
videns tristem factum = unrōtne geseah, Lk. 18, 24.
facta est contentio = hī flitun, Lk. 22, 24.
tonitruum esse factum = hyt ðunrode. J. 12, 29.
notum facere = cȳðan. J. 15, 15; 17. 26.
se fecit = hē cwæð ðæt he wǣre, J. 19, 7.
————, Mt. 1, 18; 19, 1. 12; 21, 21; 26, 1. 20. Mk. 1, 9; 5, 33;

facere — filius

9, 6; 13, 29. Lk. 1, 59; 2, 46;
5, 12; 6, 12; 9, 29. 33. 37. 57;
17. 11. 14; 18, 20. 35; 19, 15.
29; 21, 9. 28. 31; 22, 59; 23, 24;
24, 15. 30. J. 3, 25; 6, 16; 21, 4.
facies: ansȳn (20).
hīw, Mt. 16, 4.
nebb, J. 11, 44.
procidens in faciem = āstrehte
hē hine, Lk. 5, 12.
―――――, Mt. 18, 10. Lk. 9, 53; 17, 16.
facilis: ēaðe, Mk. 2, 9; 10, 25. Lk.
5, 23; 16, 17.
ēaðelic, Mt. 9, 5; 19, 24. Lk. 18, 25.
factum: ærdæd, Lk. 23, 41.
facultas: spēd, Lk. 8, 3.
fallacia: lēasung, Mt. 13, 22.
falsus: lēas (8).
falsus testis = lēogere, Mt. 26, 60.
falsum testimonium dicere =
lēogan, Lk. 18, 20.
falx: sicol, Mk. 4, 29.
fama: hlīsa, Mt. 9, 26; 14, 1. Lk.
4, 14. 37.
fames: hunger (hungor) (6).
familia: hīred, Mt. 24, 45. Lk. 2, 4;
12, 42.
farina: melu, Mt. 13, 33,
―――――. Lk. 13. 21.
fasciculus (in fasciculos = scēaf-
mǣlum, Mt. 13, 30).
fatigatus: wērig, J. 4, 6.
fatuus: dysig, Mt. 25, 2. 3. 8.
stunt, Mt. 5, 22.
favus (favus mellis = bēobrēad,
Lk. 24, 42).
fax: blase, J. 18, 3.
febricitare: hriðian, Mt. 8, 14. Mk.
1, 30.
febris: fēfor (fēfer), Mt. 8. 15. Mk.
1, 31 Lk. 4, 38. 39. J. 4, 52.
fel: ealla, Mt. 27, 34.
femina: wīfmann, Mt. 19, 4.
wimman, Mk. 10, 6.
fere: nēan, Lk. 8, 42; 9, 28.
nēah, Lk. 9, 14; 23, 44.
fermentare: āhebban, Mt. 13, 13.
Lk. 13, 21.
fermentum: beorma, Mt. 13, 33;
16, 6. 11. 12. Lk. 13, 21.

ferre: niman (nyman) (12).
beran, Mk. 2, 3. J. 15, 2. 4. 5.
ætbregdan, Lk. 11, 52.
bringan, J. 19, 39.
dōn, J. 11, 41.
ferian, Lk. 24, 51.
forberan, Mt. 14, 4.
lǣdan, Lk. 2, 22.
secgean, Mk. 14, 57.
indigne tulit = unwurðlice hē
hit forbēad, Mk. 10, 14.
festinare: efstan, Lk. 2, 16; 19, 5. 6.
festinatio: ofost, Mk. 6, 25. Lk. 1, 39.
festivitas (dies festivitatis = frēols-
dæg, J. 7. 37).
festuca: mot, Mt. 7, 3. 4. 5.
egl, Lk. 6, 41. 42.
festus (dies festus = frēolsdæg (18).
ēasterlic frēols, Lk. 2, 42.
ēasterfrēolsdæg, J. 13, 29.
symmeldæg, Mk. 15, 6.
dies festus Paschæ = ēster-
frēolsdæg, J. 13, 1).
ficulnea: fīctrēow, Mt. 21, 19. 21.
Lk. 13, 7.
fīcbēam, Lk. 21, 39.
ficus: fīctrēow (7).
fīcæppel, Mt. 9, 16. Lk. 6, 44.
arbor fici = fīctrēow, Mt. 21, 19;
24, 32. Lk. 13, 6.
fidelis: getrȳwe (9).
―――――, J. 20, 27.
fides: gelēafa (28).
trūwa, Mk. 11, 22.
fiducia: gelēafa, Mt. 14, 27.
figulus: tīgelwyrhta, Mt. 27, 7. 10.
filia: dohtor (22).
―――――, Lk. 8, 49.
filiolus: bearn, J. 13, 33.
cild, Mk. 10, 24.
filius: sunu (227).
bearn, Mt. 2, 18; 3, 9; 5, 45; 7, 11;
8, 12; 9, 2; 10, 21; 11. 19; 12, 27;
13, 38; 15, 26; 17, 24. 25; 18, 11;
19, 29; 20, 20; 22, 24; 23, 15.
31. 37; 26, 2. 64; 27, 9. 25. Mk.
3, 17. 28; 7. 27; 10, 29. 30; 12, 19;
13, 12. Lk. 1, 7. 16. 17; 3, 8;
5, 34; 6, 35; 7, 35; 10, 6; 11, 13.
19. 30; 12, 8. 10. 40. 53; 13, 34;

filius — fraus

14, 26; 16, 8; 18, 29; 19, 9. 44; 20, 29. 30. 34. 36; 23, 28. J.1, 12; 4, 12; 6, 37. 39; 11, 52; 12, 36; 17, 12.
cniht, Mt. 9, 15. Mk. 2, 19.
cild, Mt. 18, 25.
pullus filius = fola, Mt. 21, 5.
———, Lk. 9, 56. J. 5, 28.
fimbria: fnæd, Mt. 9, 20; 14, 36; 23, 5. Mk. 6, 56. Lk. 8, 44.
fingere: dōn, Lk. 24, 48.
finis: ende (18).
gemǣre, Mt. 2, 16; 8, 34; 12, 42. Mk. 5, 17; 7, 31.
firmare: getrymman, Lk. 9, 51; 16, 26.
fixura: fæstnung, J. 20, 25.
flagellare: swingan, Mt. 10, 17; 20, 19; 23, 34; 27, 26. Mk. 10, 34. geswingan, Lk. 18, 32. 33. J. 19, 1.
flagellum: swipa, J. 2, 15.
flagellis cæsus = beswungen, Mk. 15, 15.
flamma: līg, Lk. 16, 24.
flare: blāwan, Mt. 7, 25. 27. Lk. 12, 55. J. 6, 18.
flectere: gebīgan, Mk. 1, 40; 10, 17. bīgan, Mt. 27, 29.
flere: wēpan (15).
fletus: wōp (7).
fluctus: ȳð, Mt. 8, 24; 14, 24. Mk. 4, 37. Lk. 21, 25.
fluere: flōwan, J. 1, 38.
flumen: flōd, Mt. 7, 25. 27. Mk. 1, 5. Lk. 6, 48. J. 7, 38.
fluvius: flōd, Lk. 6, 49.
fluxus (*fluxus sanguinis* = blōdryne, Mt. 9, 20. Lk. 8, 43. 44).
fodere: delfan, Mk. 12, 1. Lk. 6, 48; 16, 3.
bedelfan, Mt. 25, 18. Lk. 13, 8.
settan, Mt. 21, 33.
fænerari: lǣnan, Lk. 6, 34.
fænerator: lǣnend, Lk. 7, 41.
fænum: gærs (gers), Mt. 14, 19. J. 6, 10.
hīg, Mk. 6, 39. Lk. 12, 28.
wēod, Mt. 6, 30.
fætere: stincan, J. 11, 39.
folium: lēaf, Mt. 21, 19; 24, 32. Mk. 11, 13; 13, 28.

fons: wyl (will), J. 4, 6. 14.
ryne, Mk. 5, 29.
foramen: ēage, Mt. 19, 24. Lk. 18, 25.
ðyrel, Mk. 10, 25.
foras: ūt (*used as separable prefix*), Mt. 5, 13; 10, 14; 13, 48; 26, 75. Lk. 13, 28; 14, 35; 22, 62; 24, 50. J. 6, 37; 9, 34. 35; 11, 43; 12, 31; 15, 6; 18, 29; 19, 4. 13.
———, Mt. 20, 17. Mk. 14, 68.
foris (sub.): duru, J. 20, 19.
foris (adv.): ūte, Mt. 26, 69. Mk. 1, 45; 4, 11; 11, 4. Lk. 1, 10.
ðǣrūte (ðārūte), Mt. 12, 46. Mk. 3, 31. Lk. 13, 25. J. 18, 16; 20, 11.
hērūte, Mt. 12, 47. Lk. 8, 20.
formidare: forhtigean, J. 14, 27.
fornicatio: forliger, Mt. 15, 19; 19, 9. Mk. 7, 21.
forlīr, J. 8, 41.
forlegennys, Mt. 5, 32.
forsitan: witodlice, J. 4, 10; 5, 46. wēn, J. 8, 19.
wēnunga, Lk. 20, 13.
forte (*ne forte* = ðē læs (13).
hwæðer, Lk. 3, 15.
witodlice, Mt. 11, 23.
———, Mk. 11, 13. Lk. 9, 13).
fortis: strang (9).
fortitudo: strengð, Mk. 12, 33.
forum: strǣt (7).
foretīge, Mt. 11, 16.
fovea: pytt, Mt. 12, 11; 15, 14. Lk. 6, 39.
hol, Mt. 8, 20, Lk. 9, 58.
fractio: brice, Lk. 24, 35.
fragmentum: brytsen, Mk. 8, 8. 20. J. 6, 12. 13.
gebrot, Mt. 15, 37. Lk. 9, 17.
lāf, Mk. 6, 43.
———, Mk. 8, 19.
frangere: brecan (11).
forbrecan, J. 19, 31.
tōbrecan, Mk. 14, 3.
frater: brōðor (63).
fratres = gebrōðor (27).
———, Mt. 12, 49.
fraus: fācen, Mk. 10, 19.

fremere: gēomrian, J. 11, 38.
yrsian, Mk. 14, 5.
frequens: geornlīce, Lk. 10, 40.
frequenter: gelōmlīce, Mt. 9, 14. Mk. 9, 20. Lk. 5, 33.
oftrǣdlīce, J. 18, 2.
fretum: mūða (8).
frigidus: ceald, Mt. 10, 42.
frigus: ceald, J. 18, 18.
frons (*frondes* = bōceras(1)), Mk. 11, 8).
fructificare: wæstm beran, Mk. 4, 28. wæstm bringan, Mk. 4, 20.
fructus: wæstm (wēastm) (44). blǣd, J. 15, 2. 4. 5. 8. 16.
frumentum: hwǣten, J. 12, 24.
fuga: flēam, Mt. 24, 20.
fugere: flēon (18).
forflēon, Lk. 21, 36.
fulgere: scīnan, Mt. 13, 43. Lk. 17, 24.
fulgens == hwīt, Lk. 24, 4.
fulgor, -*ur*: līgrǣsc, Lk. 10, 18; 11, 36; 17, 24.

līgyt, Mt. 24, 27; 28, 3.
fullo: fullere, Mk. 9, 2.
fumigare: smēocan, Mt. 12, 20.
fundamentum: grundweall, Lk. 6, 48. 49; 14, 29.
fundare: getimbrian, Mt. 7, 25.
getrymman, Lk. 6, 48.
fundere: āgēotan, Lk. 22, 20.
fungi: brūcan, Lk. 1, 8.
funiculus: streng, J. 2, 15.
fur: ðēof (9).
furari: forstelan, Mt. 6, 19. 20; 27, 64; 28, 13.
stelan, Mk. 10, 19. J. 10, 10.
furor: hātheortness, Mk. 3, 21.
furtum: stalu, Mt. 15, 19.
non facere furtum = ne stelan, Mt. 19, 18. Lk. 18, 20.
———, Mk. 7, 22.
fustis: sāgol, Mt. 26, 47. 55. Lk. 22, 52.
futurus: tōweard (tōwerd) (6).
syððan, Lk. 13, 9.

G.

gallina: henn, Mt. 23, 37.
gallus: hana (6).
cocc, Mt. 26, 34. 74. 75. J. 13, 38; 18, 27.
galli cantus = hancrēd, Mk. 13, 35.
gaudere: geblissian (12).
fægnian, Mt. 2, 10. Mk. 14, 11. Lk. 22, 5; 23, 8.
gefægnian, Mt. 5, 12. Lk. 1, 14; 6, 23.
blissian, Lk. 10, 20.
wesan blīðe, J. 11, 15; 20, 20.
gaudens = blīðelic, Lk. 19, 6.
gaudium: gefēa (17).
bliss, Mt. 13, 20. 44; 25, 21. Mk. 4, 16. Lk. 1, 14; 15, 7. 10.
———, Lk. 1, 44.
gazophylacium: tollsceamol (tollsceamul), Mk. 12, 41. 43.
cēpsceamul, J. 8, 20.
sceoppa, Lk. 21, 1.
gehenna: hell (11).

generatio: cnēoris(s) (cnēorys(s), cnēores(s)) (31).
cynn, Lk. 22, 18.
liber generationis = cnēorissebōc, Mt. 1, 1.
genimen: cynn, Mt. 23, 33. Mk. 14, 25. Lk. 3, 7.
genimen vitis = eorðlic wīn, Mt. 26, 29.
gens: ðēod (33).
menn, Mt. 24, 9.
ðēodscipe, J. 11, 48.
———, Mt. 4, 15.
gentilis: hǣðen, Mk. 7, 26. J. 12, 20.
genu: cnēow (7).
genus: cynn, Mt. 13, 47; 17, 20. Mk. 7, 26; 9, 28.
gerere: dōn, Lk. 23, 41.
geweorðan, Lk. 24, 35.
germinare: grōwan, Mk. 4, 27.
gignere: gestrȳnan (39).
cennan, Lk. 23, 29.

gladius: swurd (18).
gloria: wuldor (27).
   wurðmynt, Lk. 14, 10.
glorificare: wuldrian (7).
   gewuldrian, J. 7, 39; 11, 4; 12,
   16; 14, 13.
gloriose: wuldorfullice, Lk. 13, 17.
glutire: drincan, Mt. 23, 24.
grabatus: bed(d) (8).
   sæccing, Mk. 6, 55.
   ———, Mk. 2, 12.
Græce: grēcisc, J. 19, 20.
Græcus: grēcisc, Lk. 23, 38.
grandis: mycel, Mk. 14, 15.
granum: corn, Mt. 13, 31; 17, 19.
   Lk. 13, 19; 17, 6. J. 12, 24.
   sæd, Mk. 4, 31.
gratia: ðanc (8).
   gyfu, Lk. 1, 28. 30; 2, 40. 52. J.
   1, 14. 16. 17.

———, Lk. 4, 22.
gratias agere: ðancian, Mt. 26, 27.
   Mk. 8, 6. Lk. 17, 16; 22, 19. J.
   6, 23.
   ðancwurðlice dōn, J. 6, 11.
   ———, Mt. 15, 36.
gratis: tō gyfe, Mt. 10, 8.
   būton gewyrhton, J. 15, 25.
gravare: gehefegian, Mt. 26, 43.
   Mk. 14, 40. Lk. 9, 32; 21, 34.
gravis: hefig, Mt. 23, 4. 23.
graviter: hefiglice (hefelice), Mt.
   13, 15. Lk. 11, 53.
grex: heord (10).
gustare: onbyrigean (onbyrigan),
   Mt. 16, 28; 27, 34. Mk. 8, 39.
   Lk. 14, 24. J. 2, 9.
   bēon, J. 8, 52.
   weorðan, Lk. 9, 27.
gutta: dropa, Lk. 22, 44.

H.

habere: babban (191).
   wesan, Mt. 9, 32. Mk. 2, 17; 5, 26.
   Lk. 4, 40; 20, 35. J. 5, 5. 6; 8, 57.
   āgan, Mt. 13, 44. 46; 18, 25; 19,
   21. Mk. 9, 49.
   dōn, Mt. 21, 32. Lk. 13, 3.
   bēon, Mk. 16, 18.
   bringan, Mt. 25, 28.
   gebabban, Mt. 18, 26.
   onstician, J. 7, 20.
   non habere = nabban (66).
   dæmonium habere see *dæmonium*.
   odio habere = hatian (batigan),
   Mt. 5, 43; 6, 24; 24, 10. J. 15,
   18. 25.
   habere excusatum = belādian,
   Lk. 14, 18. 19.
   curam habere = begȳman, Lk.
   10, 35.
   male habens = untrum, Mt. 14,
   35. Lk. 7, 2; unhāl, Mk. 1, 32;
   yfel hæbbende, Mt. 8, 16.
   non habens = būtan, Mt. 22, 24.
   in monumento habens = gebyrged, J. 11, 17.

necesse habere = nīede sculan,
   Lk. 23, 17.
   ———. Mt. 9, 12; 13, 43. Mk.
   2, 25; 6. 55; 8, 18. Lk. 11, 8;
   20, 33.
habitare: eardian (eardigean) (9).
   wunian. Lk. 13, 4.
hædus: tyccen (ticcen), Lk. 15, 29.
hære-, see *here-*.
hæsitare: twȳnian, Mt. 21, 21. Mk.
   11, 23. Lk. 9, 7. J. 13. 22.
hamus: angel, Mt. 17, 26.
haurire: hladan, J. 2, 8. 9; 4, 11.
   feccan, J. 4, 7. 15.
Hebraice: ebrēisc, J. 5, 2; 19, 13. 17.
   20.
Hebraicus: ebrēisc. Lk. 23, 28.
herba: gœrs, Mk. 4, 28.
   wyrt, Mt. 13, 26.
hereditas: æht, Mt. 21, 38. Lk. 12,
   13; 20, 14.
   yrfeweardness, Mk. 12, 7.
heres: yrfenuma, Mt. 21, 38. Mk.
   12, 7.
   yrfeweard, Lk. 20, 4.
heri: gyrstandæg, J. 4, 52.

hic: hēr (29).
hiems: winter, Mt. 24, 20. Mk. 13, 18. J. 10, 22.
hinc: heonon (heonun) (7).
  hinc et hinc = on twā healfa, J. 19, 18.
hodie: tō dæg (17).
  ———, Mk. 14, 30.
hodiernus: ðēs, Mt. 27, 8.
  ðēs andweard, Mt. 28, 15.
holocautoma: onsægdnyss, Mk. 12, 33.
homicida: manslaga, Mt. 22, 7. J. 8, 44.
homicidium: manslyht (mansliht) (6).
homo: man (mann) (314).
  hīred, Mt. 13, 52; 20, 1. 33.
  hwā, Mk. 7, 11.
  sāwol, Mk. 1, 17.
  homo rex = cyning, Mt. 18, 23; 22, 2.
  homo negotiator = mangere, Mt. 13, 45.
  non novi hominem = hē hys nān ðing ne cūðe, Mt. 26, 72.
  ———, Mt. 15, 11; 19, 4. 12. Mk. 7, 15. 20. Lk. 9, 56. J. 4, 50; 7, 23; 9, 24; 18, 17.
honor: wurðscype, Mt. 13, 57. Mk. 6, 4. J. 4, 44.
honorare: wurðian (7).
honoratus = wurðfull, Lk. 14, 8.
honorificare: ārwurðigean (ārwurðian), J. 5, 23; 8, 47.
  wurðian, Mt. 15, 6. J. 12, 26.
  geārwurðian, Mt. 6, 2.
  ———, Mk. 2, 12.
hora: tīd (60).
  tīma, Mt. 14, 15. Mk. 6, 35; 11, 11; 14, 41. Lk. 1, 10; 14, 17; 22, 14. J. 2, 4; 4, 52.
  dæg, Lk. 17, 31.

hora tertia = underntīd, Mt. 20, 3. Mk. 15, 25.
hora nona = nōntīd, Mk. 15, 33. 34.
hora erat quasi sexta = hit wæs middæg, J. 4, 6.
ad horam = sume hwīle, J. 5, 35.
hordeaceus: beren, J. 6, 9. 13.
horreum: bern (6).
hortulanus: wyrtweard, J. 20, 15.
hortus: wyrtūn (wyrttūn), Lk. 13, 19. J. 18, 1. 26; 19, 41.
hosanna: sy hāl (sī hāl), Mt. 21, 9. 15. J. 12, 13.
  osanna, Mk. 11, 9. 10.
  hāl (hæl), Mt. 21, 9.
hospes: cuma, Mt. 25, 35. 38. 43. 44.
hostia: offrung, Lk. 2, 24.
huc: hider (hyder) (8).
  hēr, J. 4, 15.
  in, Mt. 22, 12.
  ðus, Lk. 22, 51.
hujusmodi: ðus gerād, Mk. 9, 36. J. 8, 5.
  similia hujusmodi = ðysum gelīce, Mk. 7, 13.
humerus: exl, Mt. 23, 4. Lk. 15, 5.
humiliare: genyðerian, Lk. 3, 5; 14, 11. Lk. 18, 14.
  geēaðmēdan, Mt. 18, 4; 23, 12.
  nyðerian, Lk. 14, 11; 18, 14.
humilis: ēadmōd (eaðmōd), Mt. 11, 29. Lk. 1, 52.
humilitas: ēadmōdness, Lk. 1, 48.
hydria: wæterfæt (-fat), J. 2, 6. 7; 4, 28.
hydropicus: wætersēoc, Lk. 14, 2.
hymnus: lof, Mk. 14, 26.
  lofsang, Mt. 26, 30.
hypocrisis: līcetung (liccettung), Mt. 23, 28. Lk. 12, 1.
hypocrita: liccetere (līcetere, līcettere) (17).
hyssopus: ȳsōpus, J. 19, 29.

I.

ibi: ðær (ðār) (46).
  ðæra (ðāra), J. 4, 40; 11, 15. 31.

  ———, Lk. 22, 12.
idem: ylca (7).
  sylf, Lk. 6, 38. J. 11, 6.

ideo: forðām (14).
———, Mt. 23, 34.
idipsum: gelice, Mt. 27, 44.
igitur: witodlice, Mt. 7, 20; 12, 28; 27, 22. J. 16, 22.
———, Mk. 12, 17.
ignis: fȳr (29).
ignorare: nytan, Mt. 24, 50. Mk. 9, 31; 14, 40. J. 3, 10.
ðencan, Lk. 9, 45.
illic: ðǽr (ðār) (11).
ðæder, Mt. 24, 28.
ðāra, Mk. 14, 15.
illico: sōna, Lk. 1, 64.
illidere: flōwan, Lk. 6, 48. 49.
illo: ðyder, Mt. 2, 22.
illuc: ðyder (6).
hidergeond, Mt. 26, 36.
tō mē, Mk. 11, 2.
hinc illuc = heonone, Mt. 17, 19.
illucescere: onlȳhtan, Lk. 23, 54.
illudere: bysmrian (bysmrigan, bysmerian, bysmorian) (11).
bepǽcean, Mt. 2, 16.
tǽlan, Lk. 14, 92.
illuminare: onlȳhtan (onlīhtan), Lk. 1, 79; 11, 36. J. 1, 9.
imago: anlīcness (-nys, anlȳcnis), Mt. 22, 20. Mk. 12, 16. Lk. 20, 24.
immittere: āsendan, Lk. 5, 36.
dōn, Mt. 9, 16.
immolare: offrian, Mk. 14, 12.
immunditia: unclǽnnyss, Mt. 23, 25.
immundus: unclǽne (19).
imperare: bebēodan (6).
bēodan, Lk. 8, 31.
imperium: anweald, Lk. 3, 1.
impetus: hryre, Mk. 5, 13.
rǽs, Lk. 8, 33.
ðǽrrihte, Mt. 8, 32.
implere: gefyllan (gefullan) (41).
fyllan, Mt. 27, 48. Mk. 15, 36. J. 6, 13.
impleri = wesan full, J. 6, 12.
———, Mt. 13, 48.
imponere: settan (11).
āsettan, Mt. 19, 13. 15; 27, 37. 48. Mk. 8, 25. J. 19, 2.

onsettan, Mk. 3, 17. Lk. 4, 40; 23, 26.
onāsettan, Lk. 6, 5; 8, 23.
gecnyttan, Lk. 17, 2.
hātan, Mt. 22, 34.
lecgan, Mt. 23, 4.
on ālecgan, Mk. 11, 7.
imponere nomen = nemnan, Mk. 3, 16.
importabilis (*importabilia* = ðe man āberan ne mæg, Mt. 23, 4).
impossibilis: unmihtelic (unmihtlic), Mt. 17, 19. Lk. 1, 37; 17, 1; 18, 27.
unēaðelic, Mt. 19, 26. Mk. 10, 27.
improbitas: onhrōp, Lk. 11, 8.
improperare: hyspan, Mt. 27, 44.
imprudens: unglēaw, Mk. 7, 18.
impudicitia: ———, Mk. 7, 22.
inanis: īdel, Lk. 1, 53; 20, 10. 11.
inaquosus: unwæterig, Lk. 11, 24.
incedere: gān, Lk. 1, 6.
incensum: offrung, Lk. 1, 9. 10.
———, Lk. 1, 11.
incidere: becuman, Lk. 10, 30.
befeallan, Lk. 10, 36.
incipere: āgynnan (6).
ongynnan, Mk. 13, 4. Lk. 13, 26.
geweorðan, Lk. 21, 7.
licgan, J. 4, 47.
esse incipiens = wesan on ylde, Lk. 3, 23.
———, Lk. 13, 25; 14, 9; 24, 27. J. 8, 9.
inclinare: ābūgan, Lk. 3, 11. J. 8, 6. 8; 20, 11.
ābyldan, Lk. 24, 29. J. 19, 30.
nyðerābūgan, J. 20, 5.
includere: beclȳsan, Lk. 3. 20.
inconsutilis: unāsīwod, J. 19, 23.
incrassare: āhyrdan, Mt. 13, 15.
incredulitas: ungelēaffulnyss (-ness), Mt. 13, 58; 17, 19. Mk. 9, 23; 16, 14.
ungelēafa, Mk. 6, 6.
incredulus: ungelēaffull, Mt. 17, 16. Mk. 9, 18. Lk. 1, 17.
ungeafful (!), J. 20, 27.
ungelēafsum, J. 3, 36.
increpare: ðrēagan (7).

cīdan, Lk. 4, 35; 17, 3; 18, 15; 19, 39.
hrȳman, Lk. 4, 41.
nȳdan, Lk. 9, 42.
———, Mt. 16, 22; 17, 17; 20, 31.
increscere: weaxan, Mk. 4, 27.
inde: ðanon (ðanun, ðanone) (23).
———, Mk. 6, 10. Lk. 9, 4.
indicare: cȳðan, J. 11; 56.
geswutelian, Lk. 8, 47.
indigere: beðurfan, Mt. 6. 32. Lk. 9, 11; 12, 30; 15, 7. J. 13, 10.
indignari: gebelgan, Mt. 20, 24; 26, 8. Mk. 10, 41. Lk. 13, 14.
belgan, Lk. 15, 28. J. 7, 23.
indignatus = yrre, Mt. 21, 15.
indigne: unwurðlice, Mk. 10, 14; 14, 4.
inducere: lǣdan, Lk. 2, 27; 11, 4; 12, 11.
gelǣdan, Mt. 6, 13; 24, 24.
induere: gescrȳdan (6).
scrȳdan, Mt. 27, 31. Mk. 15, 17. 20. Lk. 12, 22; 15, 22.
ymbscrȳdan, Mt. 6, 25.
indurare: āhyrdan, J. 12, 40.
inebriare: drincan, J. 2, 10.
oferdrincan, Lk. 12, 45.
inextinguibilis: unācwencedlic, Mk. 9, 42. 44. Lk. 3, 17.
unādwǣscendlic, Mt. 3, 12.
infans: cild (6).
infantia: cildhād, Mk. 9, 20.
infernus: hell, Mt. 11, 23. Lk. 10, 15; 16, 22.
inferre: dōn, J. 20, 27.
beran, Lk. 5, 18.
inbringan, Lk. 5. 19.
inferus: hell, Mt. 16, 18.
infidelis: ungelēafull. Lk. 9, 41.
ungetrēowe, Lk. 12, 46.
infirmari: wesan sēoc, J. 11, 3. 6.
gesȳclian, J. 4, 46.
geuntrumian, J. 6, 2.
geyflian, J. 11, 2.
infirmitas: untrumness, (-nyss) (12).
infirmus: untrum (11).
———, Mt. 25, 39.

increpare — inquit 31

infra: binnan, Mt. 2, 16.
infremere: gēomrian, J. 11, 33.
infundere: ———, Lk. 10, 34.
ingemiscere: gēomrian, Mk. 7, 34; 8, 12.
ingratus: unðancfull, Lk. 6, 35.
ingredi: gān (12).
ingān (inngān), Mt. 26, 58. Mk. 1, 21; 5, 39. 40. Lk. 11, 26. J. 10, 9.
becuman, Mt. 19, 17.
ināgān, Mk. 7, 24.
———, Lk. 19, 45.
inhonorare: unārwurðian, J. 8, 49.
inimicus: fēond (fȳnd) (14).
unhold, Mt. 13, 28. 39.
gefȳnd, Lk. 23, 12.
iniquitas: unrihtwīsness, -nyss (unrihtwȳsness) (7).
unrihtwīs, Lk. 18, 6.
operarius iniquitatis = unrihtwyrhta, Lk. 13, 27.
iniquus: unrihtwīs, Mk. 15, 28. Lk. 16, 10. 11.
rihtwīs (!), Lk. 22, 37.
inire (*consilium inire* = wyrcan gemōt, Mt. 27, 1. 7; onginnan rǣdan, Mt. 22, 15).
initium: fruma (6).
anginn (angyn), Mt. 24, 8. Mk. 1, 1; 13, 8.
frymð, Mk. 13, 19. Lk. 1, 2. J. 8, 44.
forma, J. 2, 11.
———, Mt. 19, 8.
injicere: niman, Lk. 21, 12.
weorpan, Mk. 14, 46.
———, Mt. 26, 50.
injuria: tēona, Mt. 20, 13.
injustitia: unrihtwīsnys, J. 7, 18.
injustus: unrihtwīs, Mt. 5, 45. Lk. 18, 11.
innocens: unscyldig, Mt. 12, 7; 27, 24.
innuere: bīcnian, Lk. 1, 22. 62. J. 13, 24.
inquirere: gesēcan, Lk. 11, 50.
sēcan, Mt. 6, 32.
inquit: cwæð, Mt. 14, 8.
———, Mk. 12, 26.

insanire: ———, J. 10, 20.
inscriptio: gewrit, Mk. 12, 16.
 ofergewrit, Lk. 20, 24.
inscriptus: ōfergewrit, Mk. 15, 26.
insidiari: syrwan, Mk. 6, 19. Lk. 11, 54.
insidiator (*insidiatores* = mid searwum ðū, Lk. 20, 20).
insignis: strang, Mt. 27, 16.
insipientia: unwīsdōm, Lk. 6, 11.
insistere: āgēn standan, Lk. 11, 53.
instare: āstandan, Lk. 23, 23.
instita: ———, J. 11, 44.
insufflare: blāwan, J. 20, 22.
insulsus: unsealt, Mk. 9, 49.
insurgere: ārīsan, Mt. 10, 21.
intellectus: andgyt, Mt. 15, 16. Mk. 12, 33.
intelligere: ongytan (ongitan) (25).
 understandan, Mt. 16, 9.
 non intelligebant = him wæs behȳdd, Lk. 18, 34.
intendere: behealdan, Lk. 4, 20.
 gȳman, Lk. 14, 17.
inter: betwux (betwyx, betweox, betwex, betwuh) (26).
 betwēonan (betwȳnan), J. 9, 16; 16, 19.
 gemang, J. 21, 23.
 on, Lk. 8, 7.
 ———, Mk. 9, 33.
interea: gemang, J. 4, 31.
interficere: ofslēan (15).
 forspillan, Lk. 22, 2.
interpretari: gereccan (6).
 reccan, Lk. 24, 27.
interpretatus = on ūre geðēode, Mk. 15, 34.
interrogare: āhsian (48).
 āxian, Mt. 2, 8; 17, 10; 19, 17; 22, 23. 35. 46; 27, 11. Mk. 4, 10; 7. 5; 8, 5. 23; 10, 2; 14, 61; 15, 2. 4. Lk. 15, 26. J. 1, 19. 21. 25; 4, 52; 5, 12; 8, 7; 9, 2. 15. 19. 23; 16, 30; 18, 7. 19. 21; 21, 12.
intervallum: fæc, Lk. 22, 59.
intingere: bedȳpan (bedyppan), Mt. 26, 23. J. 13, 26.
 dȳpan, Mk. 14, 20. Lk. 16, 24.

intra: betwux (betwyx) (10).
 betwȳnan, Mt. 9, 3. Lk. 17, 21.
intra se = on his geðanc, Lk. 7, 39; 16, 3; on him sylfum, Lk. 12, 17.
 ——— --, Mt. 9, 21. Lk. 11, 38; 18, 4.
intrare: gān (40).
 ingān (gān inn), Mt. 7, 13; 8, 8; 9, 25; 10, 11. 12; 12, 4. 29. 45; 22, 11. 12; 23, 13; 25, 10. 21. 23; 26, 41. Mk. 7, 25. Lk. 7, 45; 8, 16. 51; 9, 4; 10, 5. 8. 10; 13, 24. 25; 14, 23; 22, 10; 24, 29. J. 10, 2.
 gān intō, Mk. 2, 1. Lk. 7, 1. J. 10, 1.
 fēran, Mt. 21, 10. Lk. 8, 41.
 cuman, Mt. 17, 24.
 faran, Mt. 7, 13.
 gān innan, Mt. 10, 5.
 ———, Mk. 10, 15. Lk. 8, 33; 21, 21.
intrinsecus: innane, Mt. 7, 15.
intro: ōð, Mk. 14, 54.
 ———, Mt. 26, 58.
introducere: inlædan (lædan inn), Lk. 14, 21. J. 18, 16.
introire: gān (27).
 ingān (inngān), Mt. 8, 5; 23, 13. Mk. 6, 10. 22. 25; 13, 15; 14, 14. Lk. 11, 52; 15, 28; 22, 10. J. 18, 15; 20, 5. 8.
 cuman, J. 3, 4.
 fēran, Lk. 4, 38.
 infaran, J. 3, 5.
 ———, Mk. 4, 19; 11, 2. Lk. 19, 30.
intueri: behealdan, Mk. 10, 21. 27. Lk. 22, 56. J. 1, 42.
 gȳman, Mt. 16, 6.
 lōcian, Mk. 6, 41.
intus: innan, Mt. 23, 25. 27. 28. Mk. 7, 21. Lk. 11, 39.
 inne, J. 20, 26.
 innoð, Mk. 7, 23.
 wiðinnan, J. 23, 26.
inundatio: flōd, Lk. 6, 48.
inutilis: unnytt, Mt. 25, 30. Lk. 17, 10.

invadere (invaserat enim eas tremor et pavor = wǣron āfǣrede, Mk. 16, 8).
invalescere: swīðrian, Lk. 23, 23.
―――, Lk. 23, 5.
invenire: gemētan (54).
findan, Mt. 7, 7. 8. 14; 13, 44. 46; 16, 25; 17, 26; 18, 13; 20, 6; 21, 2. 19; 26, 60. Mk. 11, 13; 14, 16. 37. 40. 55. Lk. 2, 45. 46; 4, 17; 7, 9; 8, 35; 9, 12; 11, 9. 10; 13, 6. 7; 15, 4. 5. 6. 8. 9; 19, 32. 48; 22, 45; 23, 4. 14; 7, 34. 35. 36; 10, 9; 18, 38; 19, 4. 6.
gesēon, Lk. 24, 24.
mētan, Lk. 23, 22.
―――, Lk. 5, 19; 6, 7.
invicem, ab invicem, ad invicem, in invicem: him (ēow, inc) betwȳnan (betwēonan) (19).
betwux him, Mt. 24, 10. Lk. 6, 11; 7, 32; 8, 25.
ēow gemǣnelice, J. 15, 12.
hyra ǣlc ōðerne, J. 13, 22.
―――, Lk. 12, 1.
invidia: anda, Mt. 27, 18. Mk. 15, 10.
invitare: gelaðian (8).
laðian, Lk. 14, 12.
involvere: befealdan, Mk. 15, 46. Lk. 23, 53. J. 20, 7.
bewindan, Mt. 27, 59. Lk. 2, 7. 12.
iota: i, Mt. 5, 18.
ira: yrre (6).
irasci: wesan yrre, Mt. 18, 34; 22, 7.
gebelgan, Mt. 2, 16.

yrsian, Mt. 5, 22.
iratus = mid yrre, Lk. 14, 21.
ire: faran (46).
fēran, Mt. 25, 10. Lk. 2, 3. 41; 4, 30. 42; 7, 6. 11; 8, 42; 9, 51. 57; 10, 38; 13, 22; 14, 25; 17, 11. 14; 22, 13; 24, 13. 15. 28.
gān, Mt. 9, 13; 10, 6. 7; 11, 4; 13, 28; 20, 7; 25, 10. Mk. 14, 13. Lk. 9, 13. 52; 11, 5; 13, 32. J. 6, 69; 15, 16.
bescēotan, Lk. 8, 31.
eamus = uton gān, Mk. 6, 37. J. 11, 15. 16; 14, 31; uton faran, J. 11, 7.
egressus ibat = ūtēode, Mt. 24, 1. Lk. 22, 39.
euntes emamus = uton gān bicgan, Mk. 6, 37.
―――, Lk. 8, 14; 9, 59. J. 4, 50.
irridere: tǣlan, Mk. 5, 40.
irritus: for nāht, Mt. 15, 6.
on īdel, Mk. 7, 9.
irruere: āhrēosan, Mt. 7, 25. 27.
æthrīnan, Mk. 3, 10.
cuman, Lk. 5, 1.
hrēosan, Lk. 1, 12.
Israelita: israhelisc, J. 1, 47.
iter: fær, Lk. 2, 44.
facere iter = fēran, Lk. 8, 1; 10, 33; 13, 22.
fatigatus ex itinere = wæs wērig gegān, J. 4, 6.
iterare: eft, J. 3, 4.
iterum: eft (76).
―――, J. 6, 15; 19, 37.

J.

jacere: licgan (9).
―――, Mk. 5, 40.
jacere: weorpan, Mk. 4, 26.
torfian, J. 8, 59.
jactare: torfian, Mk. 12, 41.
feallan, Mt. 21, 21.
tōtorfian, Mk. 14, 24.
weorpan, Lk. 19, 35.
jactus: wyrp, Lk. 22, 41.
jam: nū (13).

ðā, J. 4, 51; 6, 17; 7, 14; 9, 22; 11, 54.
eallunga, Mt. 3, 10; 5, 28; 26, 45.
witodlice, Mt. 19, 6. Mk. 10, 8.
ær, Mk. 16, 2. J. 9, 27.
gȳt, Mk. 12, 44.
sōðlice, Mk. 14, 25.
―――, Mt. 14, 15; 15, 32; 17, 12; 24, 32. Mk. 1, 45; 5, 3; 6, 35; 8, 2; 11, 11. 14; 12, 34; 13, 28;

jam — latere

15, 42. 44. Lk. 7, 6; 8, 27; 14, 17;
16, 2; 19, 37; 21, 30; 24, 29. J.
3, 18; 4, 42; 5, 6; 6, 67; 8, 11;
11, 17; 13, 2; 15, 15; 16, 10. 11.
21. 25; 19, 33; 21, 6.
janitor: dureweard, Mk. 13, 34.
janua: duru (dure) (7).
———, Mk. 2, 2.
jejunare: fæstan (18).
jejunium: fæsten, Mt. 17, 20. Mk. 9, 28. Lk. 2, 37.
jejunus: fæstend, Mt. 15, 32. Mk. 8, 3.
jubere: hātan (10).
———, Mt. 14, 9.
judex: dēma (7).
judicare: dēman (25).
gedēman, Mt. 7, 2. J. 16, 11.
fordēman, Mt. 7, 1.
judicium: dōm (28).
judicium facere = dēman, J. 5, 27.
in judicium = tō dēmenne, J. 9, 39.
in judicio = on ðām dæge, Lk. 10, 14.
———, Mt. 23, 14.

jugum: geoc, Mt. 11, 29. 30.
getȳme, Lk. 14, 19.
jumentum: nȳten, Lk. 10, 34.
juramentum: āð, Mt. 5, 33; 14, 7. 9; 26, 72.
jurare: swerian (15).
jusjurandum: āð, Mk. 6, 26. Lk. 1, 73.
juste: witodlice, Lk. 23, 41.
justificare: gerihtwīsian (6).
herian, Lk. 7, 29.
justificatio: rihtwīsness, Lk. 1, 6.
justitia: rihtwīsness (9).
———, Lk. 1, 75.
justus: rihtwīs (25).
riht (ryht), Mt. 20, 4. Lk. 12, 57.
J. 5, 30; 7, 24.
gōd, Mt. 13, 49.
———, Lk. 18, 9.
juvenis: geong, Mk. 16, 5; J. 21, 18.
juventus: geoguð, Mk. 10, 20. Lk. 18, 21.
———, Mt. 19, 20.
juxta: wið (8).
æfter, Mk. 7, 5.
gehende, J. 11, 18.
nēah, J. 4, 5.

L.

labium: weler, Mt. 15, 8. Mk. 7, 6.
labor: geswinc, J. 4, 38.
laborare: swincan (6).
lacryma: tēar, Lk. 7, 38. 44.
wēpende, Mk. 9, 23.
lacrymari: wēpan, J. 11, 35.
lactare: sīcan, Lk. 23, 29.
lactere (*lactens* = sūcerd (sūcend?), Mt. 21, 16).
lacus: sēað, Mk. 12, 1.
lagena (*lagena aquæ* = wæterflaxe, Mk. 14, 13).
lamentare: hēofian, Lk. 7, 32; 23, 27.
cwīðan, Mt. 11, 17.
lamma: lema, Mt. 27, 46. Mk. 15, 34.
lampas: lēohtfæt, Mt. 25, 1. 3. 4. 7. 8.
lancea: spere, J. 19, 34.
languere: geādlian, J. 5, 3.

wesan sēoc, J. 11, 1.
wesan untrum, Lk. 7, 10.
languidus: sēoc, J. 5, 7.
untrum, Mt. 14, 14.
languor: ādl (9).
lapidare: hǣnan, Lk. 20, 6. J. 10, 32. 33; 11, 8.
oftorfian, Mt. 21, 35; 23, 37. J. 8, 5.
ofslēan, Lk. 13, 34.
torfian, J. 10, 31.
lapideus: stǣnen, J. 2, 6.
lapis: stān (36).
lapis molaris = cweornstān, Lk. 17, 2.
laqeus: grīn (grȳn), Mt. 27, 5. Lk. 21, 35.
latere: bemīðan, Mk. 7, 24.
non latuit = næs dyrne, Lk. 8, 47.

laterna: lēohtfæt, J. 18, 3.
Latine: lēden, J. 19, 20.
Latinus: ———, Lk. 23, 38.
latro: sceaða (12).
 ðēof, Mt. 21, 13; 26, 55. Mk. 11, 17. J. 18, 40.
latus (sub.): sīde, J. 19, 34; 20, 20; 20, 25. 27.
latus (adj.): wīd, Mt. 7, 13.
laudare: herian, Lk. 2, 13. 20; 16, 8; 19, 37; 24, 53.
laus: lof, Mt. 21, 16. Lk. 18, 43.
lavare: ðwēan (14).
 āðwēan, J. 13, 10. 12. 14.
 wascan, Lk. 5, 2.
 non lotus = unðwogen, Mt. 15, 20. Mk. 7, 2.
laxare: lætan, Lk. 5, 4.
 ūtlætan, Lk. 5, 5.
lectus: bed(d) (9).
 mæstling (!), Mk. 7, 4.
 ———, Lk. 5, 25.
legatio: ærendraca (æryndraca), Lk. 14, 32; 19, 14.
legere: rǣdan (15).
legio: ēoryd (ēored), Mt. 26, 53. Lk. 8, 36.
 legio, Mk. 5, 9. Lk. 8, 30.
legisperitus: æglēaw (7).
lepra: hrēofla, Mt. 8, 3. Lk. 15, 12. 13.
 hrēofnys, Mk. 1, 42.
leprosus: hrēofla (6).
 hrēof, Mt. 11, 5. Lk. 17, 12.
 līcðrōwere, Lk. 4, 27.
levare: ūpāhebban, Lk. 17, 13; 18, 13; 21, 28.
 ūpphebban (ūphebban), Mt. 12, 11; 17, 8. J. 4, 35.
 āhebban, J. 13, 18.
levis: lēoht, Mt. 11, 30.
Levita: dīacon, Lk. 10, 32. J. 1, 19.
lex: ǣ (34).
libellus: hīwgedāl, Mt. 5, 31; 19, 7. Mk. 10, 4.
libenter: luflice, Mk. 6, 20; 12, 37.
liber (sub.): bōc (7).
 liber generationis = cnēorissebōc, Mt. 1, 1.
 ———, Lk. 20, 42.
liber(adj.): frēo, Mt. 17, 25. J. 8, 33. 36.

liberare: ālīesan (7).
liberi: bearn, Lk. 20, 28.
libra: pund, J. 12, 3.
 box, J. 19, 39.
licere: ālyfan (20).
 mōtan, Mt. 20, 15.
 licet = ys hit riht, Lk. 20, 22.
 licet: ðēah ðū wylle, Mk. 6, 23.
ligare: gebindan (8).
 getīgan, Mk. 11, 2. 4.
 bindan, J. 18, 12.
 bewindan, J. 19, 40.
lignum: trēow, Mk. 14, 48.
 sāgol, Lk. 23, 31.
lilium: lilie, Mt. 6, 28. Lk. 12, 27.
linire: smyrian, J. 9, 6.
lingere: liccian, Lk. 16, 21.
lingua: tunge, Mk. 7, 33. 35; 16, 17. Lk. 1, 64; 16, 24.
linteamen: līnwǣd, J. 20, 5. 6. 7.
linteum: līnen, J. 13, 4; 19, 40.
linum: flex, Mt. 12, 20.
litigare: flītan, J. 6, 53.
littera: stæf, Lk. 16, 7; 23, 38. J. 5, 47; 7, 15.
littus: strand, Mt. 13, 48. J. 21, 4.
 waroð, Mt. 13, 2.
locare: gesettan, Mt. 21, 33. 41. Mk. 12, 1. Lk. 20, 9.
loculus: scrīn, J. 12, 6; 13, 29.
 cyst, Lk. 7, 14.
locus: stōw (41).
 setl, Lk. 14, 8. 9. 10.
 land, Mt. 24, 7. J. 11, 48.
 eardungstōw, J. 14, 2.
 rūm, Lk. 2, 7.
 scæð, Mt. 26, 52.
 stede, J. 20, 25.
 in locum desertum = on sundron, Mt. 14, 13.
 ———, Mt. 14, 35. Lk. 4, 17. J. 5, 13.
locusta: gærstapa, Mt. 3, 4. Mk. 1, 6.
longe: feorran (feorranne) (12).
 feorr, Mt. 15, 8. Mk. 7, 6; 12, 34. Lk. 15, 20; 24, 28.
 non longe = unfeorr, Mt. 8, 30. Lk. 7, 6. J. 21, 8.
 ———, Lk. 14, 32.

longinquus: feorlen (fyrlen), Lk. 15, 30; 19, 12.
longus: lang, Lk. 20, 47.
――――, Mt. 23, 14.
loquela: spræc, Mt. 26, 73. J. 4, 42; 8, 43.
loqui: sprecan (specan) (126).
  secgean, J. 6, 64; 8, 40; 12, 36; 14, 25; 15, 11; 16, 1. 4. 25. 33.
  gespecan, Mt. 12, 22.
  reccan, Mk. 12, 1.
  ――――, Lk. 11, 37.
lucere: lȳhtan, J. 1, 5; 5, 35.
  onlȳhtan, Mt. 5, 15. 16.
lucerna: lēohtfæt (10).
lucescere: onlīhtan, Mt. 28, 1.
lucidus: beorht, Mt. 6, 22. Lk. 11, 34. 36.
nubes lucida = beorhtwolcn. Mt. 17, 5.

lucrari: gestrȳnan, Mt. 16, 26; 25, 16. 17. 22. Mk. 8, 36.
  begitan, Lk. 9, 25.
  gestaðelian, Mt. 18, 15.
lugere: wēpan, Mt. 5, 5; 9, 15. Mk. 16, 10. Lk. 6, 25.
lumbus: lendenu, Mt. 3, 4. Mk. 1, 6. Lk. 12, 35.
lumen: lēoht (13).
luna: mōna, Mt. 24, 29. Mk. 13, 24. Lk. 21, 25.
lunaticus: mōnoðsēoc, Mt. 4, 24.
  fyllesēoc, Mt. 17, 14.
lupus: wulf, Mt. 7, 15; 10, 16. Lk. 10, 3. J. 10, 12.
luscus: mid ānum ēagan, Mk. 9, 46.
lutum: fenn, J. 9, 6. 11. 14. 15.
lux: lēoht (24).
luxuriose: on his gǣlsan, Lk. 15, 13.

M.

mactare: slēan, J. 10, 10.
mærere: geunrētan, Mk. 10, 22.
mæstus = unrōt, Mt. 26, 37.
magis: swīðor (swȳðor), Mt. 10, 25; 18, 13; 27, 23. Mk. 7, 36. J. 3, 19; 12, 43; 19, 8.
  māre, Mt. 27, 24.
magis pluris = sēlra, Mt. 6, 26.
  ――――, Mk. 5, 26; 9, 41; 15, 11.
  See also *quanto magis*.
magister: lārēow (49).
  ――――, Mk. 4, 38.
magistratus: dugeðe ealdor (duguð-ealdor), Lk. 12, 11; 22, 4; 23, 13.
  ealdor, Lk. 22, 52.
magnificare: mǣrsian (7).
  wuldrian (wuldrigan), Lk. 5, 25; 18, 43.
  gemǣrsian, Lk. 4, 15.
magnitudo: mærð, Lk. 9, 44.
magnus: mycel (micel) (57).
  mǣre, Mt. 5, 35. Lk. 1, 15. 32; 7, 16. J. 7, 37; 19, 31.
  mǣst, Mt. 22, 36.
  ――――, Mk. 15, 37.

magus: tungelwītega (tungolwīte-ga), Mt. 2, 1. 7. 16.
majestas: mægenðrymm (mægen-ðrym) (8).
major: māra (21).
  mǣrra (6).
  yldra, Mt. 18, 1; 20, 25. 26. Lk. 22, 26. 27.
  yldest (yldost, yltst), Mt. 23, 11. Mk. 9, 33; 10, 43. Lk. 9, 46; 22, 24.
  furðra, J. 13, 16.
  mǣst, Mt. 13, 32.
  mycel, Mk. 4, 32.
male: yfel (10).
  untrum, Mk. 2, 17. Lk. 7, 2.
  sēoc, Mt. 9, 12.
  unhǣlð, Lk. 5, 31.
male habens = yfelhabbende, Mt. 4, 24; 8, 16; unhāl, Mk. 1, 32; untrum, Mt. 14, 35.
qui se male habebant = ða untruman, Mk. 6, 55.
maledicere: wyrigean (wyrgean, wyrian) (6).
  āwyrgean, Mt. 25, 41. J. 7, 49.
malefactor: yfeldǣde (-a?), J. 18, 30.

malignus: āwyrged, Lk. 8, 2.
malitia: ymbhoga, Mt. 6, 34.
malum: yfel (17).
malus: yfel (29).
dĕoful, Mt. 13, 19.
mammona; woruldwela (weoruld-
  wela), Mt. 6, 24. Lk. 16, 9
  11. 13.
mandare: bebēodan, Mt. 4, 6; 28, 20.
  Lk. 4, 10. J. 8, 5.
bēodan, J. 15, 17.
hātan, Mt. 19, 7.
mandatum: bebod (21).
lār, Mt. 15, 9.
mandatum dare = bebēodan, J.
  12, 49; 14, 31.
manducare: etan (83).
ðicgean, Mt. 15, 2. Mk. 7, 5.
ætan, Mt. 12, 1.
gewyrcan (!), Lk. 22, 8.
wyrcan (!), Lk. 22, 11.
———, Mt. 9, 11. J. 4, 33.
mane: morgen (merigen) (9).
ær morgen (mergen), Mk. 16, 9.
  J. 21, 4.
ær, Mk. 16, 2.
manere: wunian (wunigan) (39).
bēon, J. 11, 6; 12, 34; 14, 16.
gelæstan, J. 15, 16.
gewunian, Lk. 8, 27.
———, Mt. 21, 17. J. 9, 41.
manicare: on morgen cuman, Lk.
  21, 38.
manifestare: geswutelian (14).
———, J. 21, 1.
manifeste: openlice, Mk. 1, 45. J.
  7, 10; 11, 14.
manifestus: swutol, Mk. 6, 14,
manifestum facere = geswu-
  telian, Mt. 26, 73.
secgean, Mt. 12, 16.
manna: heofonlic mete, J. 6, 31.
  49. 59.
mansio: eardnungstōw, J. 14, 2. 23.
mansuetus: gedæft, Mt. 21, 5.
manufactus: handworht, Mk. 14, 58.
  non manufactus = unhand-
  worht, Mk. 14, 58.
manus: hand (83).
———, Mt. 14, 31; 26, 50. 51.

Lk. 12, 35; 21, 12. J. 7, 30. 44;
  10, 39.
mare: sæ (43).
mere, J. 6, 22. 25.
———, Mt. 4, 15; 14, 24. 26. J.
  6, 16.
margarita: meregrot, Mt. 7, 6; 13,
  45. 46.
maritima: sægemære, Mt. 4, 13. Lk.
  6, 17.
masculinus: wæpned, Lk. 2, 23.
masculus: wæpmann, Mt. 19, 4.
wæpnedmann, Mk. 10, 6.
mater: mōdor (mōdur) (67).
———, Mt. 12, 49. Lk. 7, 12.
maxilla: gewenge, Lk. 6, 29.
wenge, Mt. 5, 39.
maximus: mæst, Mt. 22, 38.
micel, J. 6, 5.
mecum: mid mē (myd mē) (21).
tō mē, Mt. 20, 13.
wið mē, Lk. 12, 13.
medians: hit wæs mid dæg, J.
  7, 14.
medicus: læce (6).
medius: middel (10).
midde, Mt. 13, 25. Lk. 22, 55;
  23, 45. J. 3, 8, 9; 19, 18.
midd (mid), Mt. 25, 6. Mk. 6, 47;
  7, 31; 13, 35. Lk. 11, 5; 17,
  11.
tōmiddes, J. 1, 26; 8, 3; 20, 19. 26.
gemang, Mt. 10, 16. Mk. 3, 3.
āmiddan, Lk. 6, 8.
onmiddan, Lk. 2, 46.
in medio = beforan him, Mt.
  14, 6.
———, Mt. 14, 24. Lk. 5, 19;
  22, 55.
mel (*mel sylvestre* = wuduhunig,
  Mt. 3, 4. Mk. 1, 6.
favus mellis = bēobrēad, Lk.
  24, 42).
melior: betera, Mt. 12, 12. Lk. 5, 39.
bet, J. 4, 52.
selra, Mt. 10, 31.
membrum: lim, Mt. 5, 29. 30.
meminisse: gemunan, Lk. 23, 42.
  J. 15, 20; 16, 21.
memor: gemyndig, Lk. 17, 32.

memoria: gemynd, Mt. 26, 13. Mk. 14, 9.
memorare: gemunan, Lk. 1, 72.
mendacium: lēasung, J. 8, 44.
mendax: lēas, J. 8, 44. 55.
mendicare: wædlian, Lk. 16, 3; 18, 35. J. 9, 8.
mendicans = wædla, Mk. 10, 46.
mendicus: wædla, Lk. 16, 20. 22. J. 9, 8.
mens: mōd (6).
   mægen, Lk. 10, 27.
mensa: mȳse, Mk. 7, 28. Lk. 22, 21. 30. J. 2, 15.
   bēod, Mt. 15, 27. Lk. 16, 21.
   sceamol, Mt. 21, 12.
   ðroc, Mk. 11, 15.
   ad mensam = tō hȳre, Lk. 19, 23.
mensis: mōnað (6).
mensura: gemet (7).
mentha: minte, Mt. 23, 23. Lk. 11, 42.
mentiri: lēogan, Mt. 5, 11.
mercari: bicgan, Mk. 15, 46.
mercenarius: hȳra, J. 10, 12. 13.
   yrðling, Lk. 15, 17. 19.
   hȳrling, Mk. 1, 20.
merces: mēd (13).
meretrix: myltystre, Mt. 21, 31. 32. Lk. 15, 30.
mergere: besencan, Lk. 5, 7.
   gedūfan, Mt. 14, 30.
messis: rīp (rȳp) (7).
   rīptīma, Mt. 13, 30.
   tempus messis = rīptīma, Mt. 13, 30.
   messis venit = man rīpan mæg, J. 4, 35.
messor: rīpere, Mt. 13, 30. 39.
metere: rīpan (10).
metiri: metan, Mt. 7, 2. Mk. 4, 24. Lk. 6, 38.
metreta: sestra gemet, J. 2, 6.
metuere: ondrædan, Mk. 6, 20.
metus: ege, J. 7, 13; 19, 38; 20, 19.
mica: cruma, Mt. 15, 27. Mk. 7, 28. Lk. 16, 21.
migrare: fēran, Mt. 19, 1.

miles: cempa (10).
   ðegn (ðegen, ðēn), Mt. 8, 9; 28, 12. J. 19, 2.
militia: wered, Lk. 2, 13.
mille: ðūsend (14).
   —————, Mt. 8, 19.
minimus: læst (7).
   lȳtel (lȳtyl), Mt. 10, 42. Lk. 16, 10.
   læssa, Lk. 12, 26.
minister: ðēn (ðegn) (22).
   —————, J. 12, 26.
ministerium (satagebat circa frequens ministerium = geornlice him ðēnode, Lk. 10, 40).
ministrare: ðēnian (ðēnigan) (20).
ministrator: ðēn, Lk. 22, 26.
minor: læssa, Mt. 11, 11. Lk. 7, 28, 47.
   læst, Mk. 4, 31. Lk. 9, 48.
   gingra, Lk. 22, 26.
   —————, Mk. 15, 40.
minui: wanigan, J. 3, 30.
minus: lȳtel, J. 14, 2.
minutum: fēorðling, Lk. 12, 59; 21, 2.
   —————, Mk. 12, 42.
mirabilis: wundor, Mt. 21, 15. Lk. 5, 26.
   wundorlic, Mt. 21, 42. Mk. 12, 11. J. 9, 30.
mirari: wundrian (wundrigan, wundrigean) (34).
miscere: gemengan, Mt. 27. 34.
   mengan, Lk. 13, 1.
misereri: gemiltsian (20).
misericordia: mildheortness (-nyss) (13).
misericors: mildheort, Mt. 5. 7. Lk. 6, 36.
mitis: bilwite, Mt. 11, 29.
   liðe, Mt. 5, 4.
mittere: sendan (135).
   āsendan, Mt. 2. 8. 16; 4, 6; 5, 29; 6, 30; 8, 31; 13, 42. 47; 14, 10; 15, 24; 20, 2; 23, 37; 24, 31; 27. 6. Mk. 1, 2; 3, 14. Lk. 1, 19. 26; 4. 9. 18. 26. 43; 7, 10. 27; 12, 5; 13, 34; 19, 32; 20, 13; 23, 19. J. 1, 6. 24; 3, 28; 5, 36. J. 11, 42.
   āweorpan, Mt. 3, 10; 5, 13; 7, 19;

13, 48. 50; 18, 8. 9. 30. Mk. 4, 37;
9, 44. 46; 11, 23; 15, 24. Lk.
3, 9; 14, 35. J. 15, 6.
weorpan, Mt. 7, 6; 15, 26; 17, 26;
22, 13; 27, 35. Mk. 7, 27; 12, 42.
Lk. 20, 19; 23, 34. J. 8, 7; 19,
24.
dōn, Mt. 9, 17; 26, 12. Mk. 2, 22;
7, 33. J. 5, 7; 13, 5; 15, 6; 18, 11;
20, 25. 27.
bringan, Lk. 21, 2. 3. 4.
beweorpan, Mk. 9, 41. Lk. 13, 8.
gedōn, Mk. 2, 22. J. 3, 24.
lǣtan, Mk. 1, 16. J. 21, 6.
sellan, Mk. 12, 43. 44.
āsettan, Lk. 9, 62.
faran, J. 13, 2.
sāwan, Lk. 13, 19.
scēotan, J. 21, 7.
mittere manus = æthrīnan, J. 7, 30. 44.
———, Lk. 12, 28; 23, 25. J. 9, 7.
mixtura: ———, J. 19, 39.
mna: pund (8).
modicum: lȳtel, J. 12, 35; 14, 19; 16, 16. 17. 18. 19.
sum dǣl, J. 6, 7.
gehwǣde tīd, J. 13, 33.
modicus: lȳtel, Mt. 8, 26; 14, 31; 16, 8. Lk. 16, 10; 19, 17.
gehwǣde, Mt. 6, 30.
sum, J. 7, 33.
modius: byden, Mk. 4, 21. Lk. 11, 33.
cȳf, Mt. 5, 15.
modo: nū (10).
ðis, Mt. 24, 21. J. 16, 24.
———, Mt. 9, 18. J. 8, 4.
moechari: unrihthǣman (6).
fyrenian, Lk. 18, 20.
gesyngian, Mt. 5, 28.
moerere see *mærere*.
moestus see *mæstus*.
mola: cwyrn, Mt. 24, 41.
mola asinaria = cweornstān (cwyrnstān), Mt. 18, 6. Mk. 9, 41.
molaris (*lapis molaris* = cweornstān, Lk. 17, 2).
molere: grindan, Mt. 24, 41. Lk. 17, 35.

molestus: gram, Mt. 26, 10. Mk. 14, 6. Lk. 11, 7; 18, 5.
mollis: hnesce, Mt. 11, 8. Lk. 7, 25.
momentum (*momentum temporis* = ān byrhtmhwīl, Lk. 4, 5).
mons: munt (36).
dūn, Mt. 21, 1; 24, 3; 26, 30. Mk. 11, 1; 13, 3. J. 4, 20. 21; 8, 1.
———, Lk. 4, 5.
montana: muntland, Lk. 1, 39. 65.
monumentum: byrgen (byrgenn, byrgyn) (43).
in monumento habens = bebyrged, J. 11, 17.
mora (*moram facere* = uferian, Mt. 24, 48. Lk. 12, 45; yldan, Mt. 25, 5).
morari: wunian, Lk. 21, 37.
mori: sweltan (swyltan) (22).
forðfēran, Lk. 8, 42; 16, 22. J. 4, 7.
moriturus = sweltendlic, Lk. 7, 2.
mors: dēað (33).
gustabit mortem = bið dēad, J. 8, 52.
mortiferus: dēadbǣrlic, Mk. 16, 18.
mortuus: dēad (50).
dēað, Mt. 14, 2; 17, 9; 27, 64. Mk. 6, 14. 16; 9, 8. 9. Mk. 12, 25. Lk. 9, 8. 60; 15, 24. 32; 16, 30. 31. J. 2, 22; 12, 9. 17; 20, 9; 21, 14.
———, Lk. 8, 49; 20, 35; 24, 46.
morus: ———, Lk. 17, 6.
mos: ðāw, J. 19, 40.
motio: styrung, J. 5, 4.
motus: styrung, Mt. 8, 24. J. 5, 3.
movere: āstyrian (āstirian) (6).
cweccean, Mt. 27, 39. Mk. 15, 29.
æthrīnan, Mt. 23, 4.
bifian, Mt. 27, 51.
gefyllan, Lk. 7, 13.
———, Mt. 21, 29.
mulier: wīf (67).
———, Lk. 4, 26.
multiloquium: menigfeald spǣc, Mt. 6, 7.
multitudo: menegeo (mænigu, menego) (8).
folc, J. 6, 2. 5.
werod (wered), Lk. 1, 10; 2, 13.

multo: mycel, Lk. 18, 30. J. 4, 41.
  multo magis = mā, Mk. 10, 48. Lk. 18, 39.
multum: mycel, Mt. 25,19. Lk. 12,48. swȳðe, Mk. 5,10. 23; 9, 25; 12, 27. Lk. 7, 47.
  fela, Mt. 6, 7.
multus: manig (95).
  mycel (micel), Mt. 2, 18; 7, 22; 8, 1. 18; 9, 37; 12, 15; 13, 2. 5; 14, 14; 19, 2. 22; 24, 30; 25, 21; 26, 9. 47. Mk. 3, 7; 4, 1. 5; 5, 21. 24; 6, 34. 35; 8, 1; 10, 22; 12, 27. 41; 13, 26; 14, 43. Lk. 5, 15; 6, 23. 35; 7, 12; 8, 32; 9, 37; 10, 2; 12, 1. 47; 14, 16. 25; 23, 8. 27. J. 6, 10; 7, 12; 11, 47; 12, 9. 12. 25; 15, 5.
  fela, Mt. 13, 3; 16, 21; 25, 23; 27, 19. Mk. 4, 2; 5, 26; 6, 20. 34; 8, 31; 9, 11. Lk. 9, 22; 17, 25. J. 8, 26; 14, 30; 16, 12.
  lang, Lk. 8, 27. 29; 18, 4. J. 5, 6.
  non multus = fēawa, J. 2, 12.
  ———, Mk. 5, 38. Lk. 11, 53; 15, 13.

mundare: geclǣnsian (13).
  clǣnsian, Mt. 10, 8; 23, 25. 26.
  āclǣnsian, Mt. 11, 5. Lk. 4, 27.
  āfeormian, Lk. 11, 25.
  gehǣlan, Lk. 7, 22.
mundus (sub.): middaneard (middangeard) (89).
mundus (adj.): clǣne (7).
  mundum cor = clǣnheort, Mt. 5, 8.
munire: ymbetrymian, Mt. 27, 66.
munus: lāc (8).
murmur: gehlȳd, J. 7, 12.
murmurare: murcnian (murcnigan) (8).
mutuari: borgian, Mt. 5, 42.
mutus: dumb (11).
  ———, Mt. 15, 30.
mutuum: lǣn, Lk. 6, 35.
  mutuum dare = lǣnan, Lk. 6, 34.
myrrha: myrre, Mt. 2, 11.
  mixtura myrrhæ = wyrtgemang, J. 19, 39.
myrrhatus: gebiterod, Mk. 15, 23.
mysterium: gerȳne, Mt. 13, 11. Mk. 4, 11. Lk. 8, 10.

N.

nardus: nard, Mk. 14, 3.
  nardus, J. 12, 3.
narrare: secgean, Mt. 18, 31. Mk. 9, 8; 14, 9.
  cȳðan, Lk. 8, 39; 9. 10.
  reccan (reccean), Mk. 5, 16. Lk. 24, 35.
narratio: racu, Lk. 1, 1.
nasci: ācennan (22).
  geberan, J. 9, 2. 32. 34; 18, 37.
  cuman, Mt. 19, 12.
  geweaxan, Lk. 12, 18.
  natus = bearn, Mt. 11, 11. Lk. 7, 28.
  ———, Lk. 8, 6.
natalis: gebyrdtīd, Mk. 6, 21.
  dies natalis = gebyrddæg, Mt. 14, 6.
natatoria: mere, J. 9, 7. 11.
natio: mægð, Lk. 21, 24.

nativitas: ācennednys, Lk. 1, 14.
  cæcus a nativitate = ðe wæs blind geboren, J. 9, 1.
navicula: scyp (scip) (17).
navigare: rōwan, Lk. 8, 23. 26.
navigium: rēwet, J. 21, 6.
  navigio venire = rōwan, J. 21, 8.
navis: scyp (scip) (30).
  ———, Mk. 4, 37.
Nazarenus: nazarenisc (11).
necdum: ne gȳt, J. 8, 20.
  necdum habere = gȳt nabban, Mk. 4, 40.
necessarius: nēod, Mk. 11, 3. Lk. 11, 8; 19, 34.
  behēfe, Lk. 14, 28.
  nīedbehēfe, Lk. 10, 42.
necesse: nēod (nīed), Mt. 14, 16; 18, 7. Lk. 14, 18; 23, 17; 24, 44.

non necesse habere = ne beðurfan, Mk. 2, 17.
——, Lk. 22, 7.
necessitas: ——, Mk. 2, 25.
negare: wiðsacan (13).
ætsacan, Mk. 14, 31. 68. 70. 72. Lk. 8, 45; 12, 9; 20, 27; 22, 57. 61.
negligere: forgȳman, Mt. 22, 5.
negotiari: cēapian, Lk. 19, 13.
gemangian, Lk. 19, 15.
negotiatio: mangung, Mt. 22, 5.
domus negotiationis = mangunghūs, J. 2, 16.
negotiator (*homo negotiator* = mangere, Mt. 13, 45).
nemo: nān man (49).
nān, Mt. 17, 8; 22, 46. Mk. 9, 7. 38. Lk. 1, 61; 3, 14; 4, 24. 27; 7, 28; 16, 13. J. 4, 27; 7, 19. 30. 44; 13, 28; 14, 6; 15, 24; 16, 5; 17, 12; 21, 12.
nā, J. 8, 11.
nænig, Mk. 8, 26.
nænig man, Mt. 8, 4.
nemo potest = ne mæg man, Mk. 3, 27.
neminem voluit = nolde ðæt ænig, Mk. 7, 24.
nemo dabat = man ne sealde, Lk. 15, 16.
nequam: mānfull, Mt. 6, 23; 13, 38; 20, 15. Lk. 11, 29; 23, 32.
lȳðre, Mt. 18, 32. Lk. 19, 22.
deorc, Lk. 11, 34.
nequando: ðē læs æfre, Mt. 13, 15.
ðē læs hwænne, Mk. 4, 12.
nequaquam: nese, J. 9, 9.
nese sōðes, Lk. 1, 60.
witodlice ne, Mt. 2, 6.
nequior: wyrsa, Mt. 12, 45. Lk. 11, 26.
ne quid: nāht, Mk. 6, 8.
nequitia: fācn, Mt. 22, 18.
mān, Mk. 7, 22.
nere: spinnan, Mt. 6, 28. Lk. 12, 27.
nescire: nytan (40).
ne cunnan, Mt. 22, 29; 25, 12. Mk. 14, 71. Lk. 13, 27. J. 1, 26. 33; 7, 28; 15, 21.
——, Lk. 9, 55. J. 9, 21.

nidus: nest, Mt. 8, 20. Lk. 9, 58. 13, 34.
niger: blæc, Mt. 5, 36.
nihil: nān ðing (18).
nāht, Mt. 23, 16. 18; 27, 24. Lk. 3, 13; 4, 35; 5, 5; 18, 34; 23, 9. 15. 41. J. 8, 54.
nā, Mk. 15, 5.
nān, Lk. 23, 4.
nihil invenire = ne findan, Mt. 21, 19. Mk. 11, 13.
nihilum: nāht, Mt. 5, 13.
nimbus: storm, Lk. 12, 54.
nimis: swīðe, Mt. 8, 28.
——, Mk. 9, 2.
nisi: būtun (būton, būtan) (71).
gif, J. 9, 33.
nix: snāw, Mt. 17, 2; 28, 3. Mk. 9, 2.
nobilis: æðele, Mk. 15, 43.
æðelboren, Lk. 19, 12.
nobiscum: mid ūs, Mt. 1, 23. Mk. 6, 3. Lk. 9, 49.
mid unc, Lk. 24, 29.
nocere: derian, Mk. 16, 18. Lk. 4, 35; 10, 19.
nolle: ne willan (33).
ne ðurfan, Mk. 6, 50.
——, Mt. 6, 2. 34; 10, 9. 19. 28. 31. 34; 17, 7; 23, 3. 8. 9; 24, 23. 26; 28, 5. 10. Mk. 5, 36; 9, 38; 13, 11; 16, 6. Lk. 5, 10; 7, 13; 8, 49. 50. 52; 9, 50; 10, 4. 7. 20; 11, 7; 12, 7. 11. 22. 29. 32; 14, 12; 17, 23; 18, 16; 21, 8. 9; 24, 36. J. 2, 16; 5, 14. 28. 45; 6, 20. 43; 7, 24; 10, 37; 12, 15; 19, 21; 20, 17. 27.
nomen: nama (93).
imponere nomen = nemnan, Mk. 3, 16.
nomine = hātte, Mk. 5, 22; genemned, J. 3, 1.
——, Lk. 10, 39.
nominare: nemnan, Lk. 6, 13.
nominatim: be naman, J. 10, 3.
nonaginta: hundnigontig, Mt. 18, 12. 13. Lk. 15, 4.
nigontig, Lk. 15, 7.
nondum: ne gȳt (16).

nonus — obmutescere

nonus: nigoða (nygoða), Mt. 20, 5;
  27, 45. 46. Lk. 23, 44.
  nōn tīd, Mk. 15, 33. 34.
noscere: cunnan (21).
  witan, Mt. 13, 11. Mk. 4, 11. Lk.
  8, 10. 46.
  gecnāwan, J. 10, 5.
  notum facere = cȳðan, J. 15, 15;
  17, 26.
  esse notus = wesan cūð, J. 18,
  15. 16.
  ———, Lk. 22, 34.
novem: nigon, Mt. 18, 12. Lk. 17,
  17.
novissime: æt nēhstan (æt nīhstan,
  ætnēhstan), Mt. 21, 37; 25, 11;
  26, 60. Mk. 16, 14.
  æt sīðemestan, Mt. 22, 27.
  ȳtemest, Lk. 20, 32.
novissimus: ȳtemest (22).
  æftemest, Mk. 12, 22. J. 7, 37.
  æt nēhstan (æt nēahstan), Mk.
  12, 6. Lk. 18, 5.
  æftra, Mt. 27, 64.
  ēaðmōdust, Mk. 9, 34.
novissima = endas, Lk. 11, 26.
novus: nīwe (23).
nox: niht (nyht) (28).
  vigilia noctis = nihtwæcce, Lk.
  2, 8.
nubere: wīfian, Mt. 19, 10; 24, 38.
  Mk. 12, 25. Lk. 20, 34.
  gyftigean (giftigean), Mk. 12, 25.
  Lk. 20, 35.
  ceorlian, Mt. 22, 30.
  niman, Mk. 10, 12.
nubes: genip, Mk. 13, 26; 14, 62.
  Lk. 9, 34. 35.
  lyft, Mk. 9, 6. Lk. 12, 54; 21, 27.
  wolcen, Mt. 17, 5; 26, 64.

nubes lucida = beorhtwolcn,
  Mt. 17, 5.
  ———, Mt. 24, 30.
nudare: ———, Mk. 2, 4.
nudus: nacod (nacud) (6).
  ———, Mt. 25, 44.
nullus: nān (7).
  ne, Mk. 9, 28.
numerare: getellan, Mt. 10, 30. Lk.
  12, 7.
numerus: getæl, Mt. 14, 21.
  ———, J. 6, 10.
numisma: mynyt, Mt. 22, 19.
nummularius: mynetere, Mt. 21, 12;
  25, 27. Mk. 11, 15. J. 2, 14. 15.
numquid: cwyst ðū (cweðe gē
  [wē]) (30).
  segst ðū, Lk. 6, 39; 11, 11. 12.
  wēnst ðū, Lk. 17, 9.
  hwæðer, J. 4, 33.
  ———, Mt. 7, 9. 10. Lk. 22, 35.
  J. 7, 47.
nunquam: næfre (ne æfre) (11).
nuntiare: cȳðan (15).
  bodian, Mt. 12, 18.
  gecȳðan, Lk. 8, 20.
  ———, J. 4, 51.
nuntius: ærendraca, Lk. 7, 24.
  boda, Lk. 9, 52.
nuptiæ: gyfta (gyfata) (12).
  gyfthūs, Mt. 22, 10.
  brȳdguma, Mk. 2, 19.
nuptialis: gyftlic, Mt. 22, 11. 12.
nuptus: gyft, Mt. 24, 38.
nurus: snoru, Mt. 10, 35. Lk. 12, 35.
nutrire: fēdan, Mt. 24, 19. Lk.
  21, 23.
  āfēdan, Lk. 4, 16.
  ———, Mk. 13, 17.

O.

o: ēalā (6).
obcæcare: āblendan, Mk. 6, 52.
obdormire: slǣpan, Lk. 8, 23.
obedire: hȳrsumian, Mt. 8, 27.
  Mk. 1, 27; 4, 40. Lk. 8, 25;
  17, 6.
obire: forðfēran, Mk. 15, 44.

obitus: forðsīð, Mt. 2, 15.
objicere: onweorpan, Mk. 14, 60.
oblivio (*in oblivione*) = ofergyten,
  Lk. 12, 6).
oblivisci: forgietan, Mt. 16, 5.
obmutescere: ādumbian, Mk. 1, 25.
  Lk. 4, 35.

gestillan, Mk. 4, 39.
gesugian, Mt. 22, 12.
obscurare: āðȳstrian, Lk. 23, 45.
forsweorcan, Mt. 24, 29,
obsecrare: hālsian, Lk. 8, 28; 9, 38.
obsecratio: hālsung, Lk. 2, 37; 5, 33.
obsequium (*obsequium præstare* = ðēnigean, J. 16, 2).
observatio: begȳmen, Lk. 17, 20.
observare: gȳman, Mk. 3, 2. Lk. 6, 7.
begȳman, Lk. 14, 1.
gehealdan, Mk. 10, 20.
————, Lk. 20, 20.
obstupescere: forhtian, Mk. 10, 24; 16, 5.
wundrian, Mk. 5, 42.
obtentus: ————, Mk. 12, 40.
obumbrare: ofersceadian (ofersceadewian), Mk. 9, 6. Lk. 1, 35; 9, 34.
oferscīnan, Mt. 17, 5.
obviam: ongēan (ongēn), Mt. 25, 1. J. 12, 13. 18.
tōgēanes (tōgēnys), Mt. 8, 34; 25, 6.
occasus: westdæl, Lk. 12, 54.
occidens: westdæl, Mt. 8, 11; 24, 27. Lk. 13, 29.
occidere: āsīgan, Lk. 4, 40.
tō setle gān, Mk. 1, 32.
occidere: ofslēan (42).
slēan, Mk. 10, 19.
gewyrcan, Lk. 22, 7.
occulere: bedīglian, Lk. 1, 24.
occulte: dīhlice, Mt. 1, 19.
occultus: dīgel (dȳhel!), Mt. 10, 26. Mk. 4, 22. Lk. 8, 17. J. 7, 4.
dearnunga, J. 19, 38.
in *occulto* = dīgelice, J. 18, 20.
————, J. 7, 10.
occupare: ofōryccan, Lk. 13, 7.
occurerre: yrnan (iernan) (9).
cuman, Lk. 14, 31. J. 11, 20.
octavus: ehteoða, Lk. 1, 59.
octo: eahta (ehta), Lk. 2, 21; 9, 28. J. 5, 5; 20, 26.
decem et octo = ehtatȳne, Lk. 13, 4. 11. 16.
octoginta: hundeahtatig, Lk. 2, 37; 16, 7.

oculus: ēage (æage) (67).
gesihð, Mk. 7, 22.
elevatis oculis = besēonde, Lk. 6, 20.
————, Mt. 18, 9; 24, 31.
odisse: hatian (13).
yfel dōn, Mt. 5, 44.
odium: hatung, Mt. 10, 22. Mk. 13, 13. Lk. 21, 17. J. 17, 14.
odio habere = hatian (hatigan), Mt. 5, 43; 6, 24; 24, 10. J. 15, 18. 25.
esse odio = hatigean, Mt. 24, 9.
odor: swæcc, J. 12, 3.
offendere: ætspurnan, Mt. 4, 6. Lk. 4, 11. J. 11, 9. 10.
offerre: bringan (21).
gebringan, Mt. 19, 13.
inbringan, Mk. 2, 4.
settan, J. 19, 29.
officium: ðēnung, Lk. 1, 23.
oleum: ele (7).
olim: gefyrn, Mt. 11, 21. Lk. 10, 13.
oliva: eleberge, Mk. 14, 26. Lk. 22, 39.
mons Olivarum = oliuetes dūn, Mk. 11, 1; 13, 3.
olus: wyrt, Mt. 13, 32. Mk. 4, 32. Lk. 11, 42.
omittere: forlætan, Mt. 23, 23. Lk. 11, 42.
omnino: eallunga, Mt. 5, 34. Lk. 13, 11.
omnis: eall ðing, J. 1, 3.
onerare: gesȳman, Mt. 11, 28.
sȳman, Lk. 11, 46.
onus: byrðyn (byrðen), Mt. 11, 30; 23, 4. Lk. 11, 46.
opera: ————, Lk. 12, 58; 19, 31.
operari: wyrcan (11).
gefremman, Mt. 14, 2.
gewyrcan, Mk. 6, 14.
————, Mt. 25, 16.
operarius: wyrhta (9).
operarius iniquitatis = unrihtwyrhta, Lk. 13, 27.
operire: oferwrēon, Mt. 6, 31. Lk. 8, 16; 23, 30.
ofergēotan, Mt. 8, 24.
oferhelian, Lk. 12, 2.

operire — panis

opertus = dȳhel, Mt. 10, 26.
———, Mt. 25, 16.
opinio: hlīsa, Mt. 4, 24; 24, 6. Mk. 13, 7.
oportere: gebyrian (31).
 sculan, Mt. 24, 6; 26, 35. Lk. 22, 37.
 willan, Mt. 16, 21. Lk. 19, 5.
 gedafenian, Lk. 4, 43.
oportet = ys riht, Lk. 18, 1.
———, Lk. 24, 7. J. 4, 20.
opportune: dīgellice, Mk. 14, 11.
opportunitas: hū hē eaðlicust, Lk. 22, 6.
———, Mt. 26, 16.
opportunus: ———, Mk. 6, 21.
opprimere: dyttan, Lk. 11, 53.
opprobrium: hosp, Lk. 1, 25.
optimus: sēlest (sēlust), Lk. 1, 3; 8, 15; 10, 42.
opus: weorc (worc, weoruc) (37).
opus: ðearf, Mt. 6, 8; 9, 12. J. 2, 25; 13, 29; 16, 30.
 nēod, Mt. 21, 3.
orare: gebiddan (36).
 biddan, Mt. 6, 6; 24, 20. Mk. 11, 24; 13, 18; 14, 35. Lk. 22, 46.
 geblētsian, Mt. 19, 13.
orantes = biddað, Lk. 21, 36.
———, Mt. 18, 26; 23, 14.
oratio: gebed (6).
 domus orationis = gebedhūs, Mt. 21, 13. Mk. 11, 17. Lk. 19, 46.
———, Mt. 21, 22; 23, 14.
orbis: ymbehwyrft, Lk. 2, 1; 4, 5; 21, 26.
 eorðe, Mt. 24, 14.
ordinare: geendebyrdan, Lk. 1, 1.
ordo: endebyrdness, Lk. 1, 3. 8.

oriens: ēastdæl (ēstdæl), Mt. 2, 1. 2. 9; 8, 11; 24, 27. Lk. 1, 78; 13, 29.
oriri: ūpāspringan, Mt. 4, 16; 5, 45. Mk. 16, 2.
 cuman, Lk. 12, 54.
 ūpcuman, Mk. 4, 17.
 ūpspringan, Mt. 13, 6.
———, Lk. 8, 8.
ornare: glengan, Mt. 23, 29; 25, 7.
 gefrætwian, Mt. 12. 44.
 geglengan, Lk. 21, 5.
———, Lk. 11, 25.
orphanus: stēopcild, J. 14, 18.
os: mūð (19).
 ecg, Lk. 21, 24.
———, Mt. 18, 16.
os: bān, Mt. 23, 27. Lk. 24, 39. J. 19, 36.
osculari: cyssan (8).
osculum: coss, Lk. 7, 45; 22, 48.
ostendere: ætēowian (21).
 betǣcan, Lk. 22, 12.
 swutelian, Mt. 16, 21.
 ȳwan, Lk. 20, 24.
ostensio: ætīwedness, Lk. 1, 80.
ostiaria: dureðīnen (durnðīnen), J. 18, 16. 17.
ostiarius: geatweard, J. 10, 3.
ostium: duru (8).
 geat (get), J. 10, 1. 2. 7. 9.
 hlid, Mt. 27, 60.
otiosus: īdel, Mt. 12, 36; 20, 3. 6.
ovile: heord, J. 10, 16.
 scēapa fald, J. 10, 1.
ovis: scēap (33).
 oves = heord, Mt. 26, 31.
———, J. 10, 1. 15.
ovum: æg, Lk. 11, 12.

P.

pacificus: gesibsum, Mt. 5, 9.
palam: openlice (9).
 open, Lk. 8, 17. J. 7, 4.
palea: ceaf, Mt. 3, 12. Lk. 3, 17.
pallium: wǣfels, Mt. 5, 40.
palma: palmtrȳw, J. 12, 13.

palmas dare = slēan mid brādum handum, Mt. 26, 67.
palmes: twig, J. 15, 2. 4. 5. 6.
palpare: grāpian, Lk. 24, 39.
pangere: weddian, Lk. 22, 5.
panis: hlāf (79).

panis propositionis = offrunghláf (offringhláf), Mt. 12, 4. Mk. 2, 26. Lk. 6, 4.
―――, Mk. 7, 2.
pannus: cláð, Mt. 9, 16. cildcláð. Lk. 2, 7.
hrægel, Lk. 2, 12.
scyp, Mk. 2, 21.
par: gelíc, Mt. 20, 12.
twá, Lk. 2, 24.
parabola: bigspell (bigspel) (40).
Paracletus: fréfriend, J. 14, 16; 15, 26; 16, 7.
Paracletus autem Spiritus sanctus = se háliga frófre gást, J. 14, 26.
paradisus: paradísus, Lk. 23, 43.
paralyticus: lama (12).
parare: gegearwian (19).
gearwian, Lk. 1, 76; 17, 8; 22, 8. 9; 23, 56. J. 14, 2.
béon wær, Lk. 12, 40.
paratus = gearu (earwe), Mt. 22, 4. 8; 24, 44; 25, 10. Lk. 14, 17; 22, 33. J. 7, 6.
parasceve: gegearcungdæg, J. 19, 14. 31.
parascéué, Mk. 15, 42. Lk. 23, 54.
gearcung, J. 19, 42.
gearcungdæg, Mt. 27, 62.
parens: mǽg (14).
parere: ætéowian, Mt. 23, 28; 24, 27. 30.
ðincean, Mt. 23, 27.
parere: cennan (10).
pariter: him mid, Mt. 14, 9.
paropsis: disc (dix), Mt. 23, 25. 26; 26, 23.
pars: dǽl (11).
end, Mt. 15, 21.
―――, Mk. 6, 40. Lk. 5, 19.
partiri: tódǽlan, J. 19, 24.
parvulus: lýtling (11).
cild, Mt. 14, 21; 15, 38.
pascere: healdan, Mk. 5, 14. Lk. 15, 15. J. 21, 15. 16. 17.
lǽswian, Mt. 8, 30. Mk. 5, 11. Lk. 8, 32; 17, 7.
fédan, Mt. 6, 26; 25, 37. Lk. 12, 24.
qui pascebant = hyrdas, Lk. 8, 34.

Pascha: éaster (éastre) (23).
éasterðénung, Mt. 26, 19.
dies festus Paschæ = ésterfréolsdæg, J. 13. 1.
dies solemnis Paschæ = éasterdæges fréolstíd, Lk. 2, 41.
pascuum: lǽse, J. 10. 9.
passer: spearwa, Mt. 10, 29. 31. Lk. 12, 6. 7.
passus: stæpe, Mt. 5, 41.
pastinare: plantian, Mk. 12, 1.
pastor: hyrde (16).
patefacere: openian, Mk. 2, 4.
pater: fæder (fædyr) (264).
―――, Mt. 2, 22; 12, 25; 18, 10. Lk. 10, 21. J. 14, 13.
patrem = petrum (!), Mk. 5, 40
paterfamilias: híredes ealdor (7).
híredes fæder, Mt. 10, 25.
hláford, Mt. 13, 27. Lk. 14, 21.
paterfamilias domus = húshláford, Lk. 22, 11.
pati: ðolian (14).
forberan, Mt. 17, 16.
forðfaran, Lk. 22, 15.
geðolian, Mt. 27, 19.
magan, Mk. 9, 18.
ðrówian, Mt. 17, 12.
weorðan, Mt. 26, 31.
patientia: geðyld, Mt. 18, 26. Lk. 8, 15; 18, 7; 21, 19.
patientiam habere = geðyldegian, Mt. 18, 29.
patria: eard, Mt. 13, 54. 57. Lk. 4, 23. J. 4, 44.
éðel, Mk. 6, 1. 4. Lk. 4, 24.
paucus: féawa (11).
lýtel, Mt. 25, 21.
paululum: lýthwón, Mk. 14, 35.
pauper: ðearfa (16).
earm, Mk. 12, 42. 43. Lk. 21, 3.
pauperculus: earm, Lk. 21, 2.
pavere: forhtian. Mk. 14, 33.
pavor (*invaserat pavor* = wæron áfærede, Mk. 16, 8; *factus est pavor* = wurdon forhte, Lk. 4, 36).
pax: sybb (sibb, sib, syb) (24).
peccare: syngian (11).
peccator: synfull (synful) (28).

peccatrix: synful (synfull), Mk. 8, 38.
  Lk. 7, 37. 39.
peccatum: synn (44).
  gylt, Lk. 11, 4.
  sine peccato = synlēas, J. 8, 7.
pectus: brēost, Lk. 18, 13; 23, 48.
  J. 13, 25; 21, 20.
pecunia: feoh (fēo) (13).
pecus: nȳten, J. 4, 12.
pedester: gangende, Mk. 6, 33.
pejor: wyrsa, Mt. 9, 16; 12, 45; 27, 64.
  Lk. 11, 26.
pelliceus: fellen, Mt. 3, 4. Mk. 1, 6.
pelvis: fæt, J. 13, 5.
pendere: gefyllan, Mt. 22, 40.
  hangian, Lk. 23, 39.
pene: nēh, Lk. 5, 7.
penetralia: ðurhfǽr, Mt. 24, 26.
penna: fiðer, Lk. 13, 34.
penuria: yrmð, Mk. 12, 44.
pera: codd (6).
perambulare: fēran, Lk. 5, 15.
  ingressum perambulare = gān geond, Lk. 19, 1.
percipere: āgan, Mk. 10, 17.
percurrere: befaran, Mk. 6, 55.
percutere: slēan (8).
  bēatan, Mt. 24, 49; 27, 30. Mk. 15, 19. Lk. 12, 45; 18, 13; 23, 48.
  āslēan, Mt. 26, 51.
  wynnan, Mt. 5, 39.
  ðerscan, Lk. 22, 64.
perdere: forspillan (24).
  fordōn, Mt. 10, 28; 21, 41; 22, 7; 27, 20. Mk. 3, 6; 12, 9. Lk. 19, 47. J. 10, 10.
  forlēosan, Mk. 9, 40. Lk. 15, 4. J. 6, 39.
perditio: forspilledness (-nyss), Mt. 7, 13. Mk. 14, 4. J. 17, 12.
  forspilled, Mt. 26, 8.
perducere: lǣdan, Mk. 15, 22.
peregre: elðeodignyss (elðeodinyss), Mt. 21, 33; 25, 14. Mk. 12, 1.
  ælðeodilice, Mk. 13, 34.
  feor, Lk. 20, 9.
  wræclice, Lk. 15, 13.
peregrinus: elðeodisc, Mt. 27, 7.

forwrecen, Lk. 24, 18.
perficere: fulfremman (10).
  gefyllan, Lk. 2, 39; 12, 50.
  gefremman, Lk. 13, 32.
perfodere: underdelfan, Mt. 24, 43. Lk. 12, 39.
pergere: faran, J. 8, 1.
perhibere: cȳðan (26).
  forðberan, J. 1, 8.
  secgean, J. 2, 50.
  wesan, J. 3, 8.
  perhibes = cȳstð (!), J. 8, 13.
periclitari: forhtian, Lk. 8, 23.
perire: forweorðan (forwurðan) (30).
  losigean, J. 6, 12.
perjurare: forswerian, Mt. 5, 33.
permanere: ðurhwunian, Lk. 1, 22; 22, 28. J. 6, 27.
permittere: līefan, Mt. 19, 8. Mk. 10, 4. Lk. 8, 32. J. 19, 38.
  ālīefan, Mt. 8, 21. Lk. 9, 59.
  lǣtan, Lk. 8, 51; 9, 61.
permundare: āfeormian, Mt. 3, 12.
pernoctare: wacian, Lk. 6, 12.
perpeti: ðolian, Mt. 5, 26.
persecutio: ēhtness (ēhtnys, ēhtnyss), Mt. 5, 10; 13, 21. Mk. 4, 17; 10, 30.
persequi: ēhtan (9).
  persecuti sunt = āhton (!), J. 15, 20.
perseverare: ðurhwunian, Mt. 10, 22; 24, 13. Lk. 11, 8. J. 8, 7.
  wunian, Mt. 15, 32.
persona: hād, Mt. 22, 16.
  man, Lk. 20, 21.
perspicere: gesēon, Lk. 6, 42.
persuadere: lǣran, Mt. 27, 20.
pertinere: gebyrian, J. 10, 13; 12, 6.
  belimpan, Mk. 4, 38.
pertransire: forbūgan, Lk. 10, 32.
  ðurhfaran, Lk. 2, 35.
pervenire: becuman, Mt, 12, 28. Lk. 11, 20.
  cuman, Lk. 22, 40.
perversus: ðwȳr (ðwūr), Mt. 17, 16. Lk. 9, 41.
pes: fōt (43).
  scabellum pedum = fōtsceamol

(fōtscamel), Mt. 5, 35; 22, 44.
Mk. 12, 36. Lk. 20, 4.
pessimus: wyrrest, Mt. 12, 45.
pestilentia: cwealm, Lk. 21, 11.
mancwealm, Mt. 24, 7.
petere: biddan (39).
geānbiddan, Mk. 15. 43.
petitio: ———, Lk. 23, 24.
petra: stān (10).
petrosa: stānscylig, Mk. 4, 5. 16.
stān, Mt. 13, 20.
stænihte, Mt. 13, 5.
phantasma: scīnlāc, Mt. 14, 26.
unfǣle gāst, Mk. 6, 49.
Pharisæus: phariseus (fariseus) (62).
sundorhālga, Mt. 3, 7; 5, 20; 7, 29;
9, 11. 14. 34; 12, 2. 14. 24. 38;
27, 62. Lk. 6, 2; 7, 30. 36. 39;
18, 10.
fariseisc (phariseisc), Mt. 15, 1. 12;
16, 1. 6. 11. 12; 19, 3; 22, 34. 41.
Lk. 11. 37. 38. J. 3, 1.
phylacterium: healsbǣc, Mt. 23, 5.
piger: slāw, Mt. 25, 26.
pilus: hǣr, Mt. 3, 4. Mk. 1, 6.
pinna: hricg, Lk. 4, 9.
pinnaculum: hēahness, Mt. 4, 5.
piscari: fixian, J. 21, 3.
piscator: fiscere, Mt. 4, 18. 19. Mk.
1, 16. Lk. 5, 2.
onfōnd, Mk. 1, 17.
pisciculus: fisc, Mt. 15, 34. Mk.
8, 7.
piscina: mere, J. 5, 2. 4. 7.
piscis: fisc (23).
genus *piscium* = fisccynn, Mt.
13, 47.
rete *piscium* = fiscnett, J. 21, 8.
pisticus: wyrtgemang, J. 12, 3.
placere: gecwēman, Mt. 11, 26. J.
8, 29.
līcian, Mt. 14, 6. Mk. 6, 22.
gelīcian, Lk. 10, 21.
plaga: wīte, Mk. 5, 29. Lk. 7, 21;
12, 48.
untrumness, Mk. 3, 10.
plagis impositis = tintregodon,
Lk. 10, 30.
plangere: wēpan, Mt. 11, 17; 24, 30.
Lk. 8, 52; 23, 27.
plantare: plantian, Mt. 15, 13; 21, 33.
Lk. 17, 28; 20, 9.
geplantian, Lk. 13, 6.
plantatio: plantung, Mt. 15. 13.
planus: smēðe, Lk. 3, 5.
platea: strǣt (6).
plebs: folc (16).
———, Lk. 6, 17.
plectere: windan, Mt. 27, 29. J. 19, 2.
āwindan, Mk. 15, 17.
plenitudo: gefylledness, J. 1, 16.
stede, Mt. 9, 16.
plenus: full (11).
gefylled, Lk. 1, 28.
vir *plenus lepra* = āu hrēofla.
Lk. 5, 12.
ulceribus plenus = swýðe for-
wundod, Lk. 16, 20.
plicare: befealdan, Lk. 4, 20.
plorare: wēpan (10).
ploratus: wōp, Mt. 2, 18.
pluere: rīnan, Mt. 5, 45. Lk. 17,
29.
plurimus: mycel, Mk. 10, 46. Lk.
8, 4; 12, 19. J. 15, 8.
fela, Lk. 10, 41.
maneg, Mt. 11, 20.
———, Mt. 21, 8.
plus: mā (7).
sēlra, Mt. 6, 25. 26; 21, 36. Lk.
12, 24.
swīðor (swýðor), Lk. 7, 42. J.
15, 2; 21, 15.
māra, Lk. 7, 43; 18, 30.
maneg, Mk. 12, 5. Lk. 12, 7.
mǣst, Mk. 12, 43.
mycel, Lk. 12, 48.
———, Mk. 7, 36.
plusquam: māra ðonne (7).
mā ðonne, Mt. 10, 37; 26, 53. Lk.
12, 23.
būtan, Lk. 9, 13.
mǣst, Lk. 21, 3.
sēlra ðonne, Mt. 6, 25.
———, Mk. 14, 5.
pluvia: rēn, Mt. 7, 25.
descendit pluvia = rīnde hit,
Mt. 7, 27.
poenitere: dōn dǣdbōte, Mk. 1, 15.
hrēowsunge dōn, Lk. 10, 13.

ofðincan, Lk. 17, 4.
poenitentia: dædbōt (21).
poenitentia ductus = ongann hē hrēowsian, Mt. 27, 3.
————, Mt. 21, 29. Lk. 17, 3.
polliceri: behātan, Mt. 14, 7.
pondus: byrðen, Mt. 20, 12.
ponere: āsettan (19).
 lædan, Mt. 27, 60. Mk. 6, 29. 56; 15, 46; 16, 6; 23, 53. J. 10, 18; 11, 34; 13, 4; 19, 42; 20, 2. 13. 15.
 settan, Mt. 5, 15; 14, 3; 18, 24. Lk. 1, 9. 66; 11, 33; 12, 46; 19, 21. 22. J. 15, 16; 19, 19. 29.
 ālædan, Mt. 28, 6. Lk. 2, 12. 16; 23, 53. 55; 24, 12. J. 10, 18; 19, 41; 20, 12.
 syllan, J. 2, 10; 10, 17; 13, 37. 38; 15, 13.
 licgan (licgean), J. 20, 5. 6. 7; 21, 9.
 lecgan, Lk. 11, 6; 14, 29.
 bicgan, Mk. 15, 19.
 beran, Lk. 5, 18.
 dōn, J. 9, 15.
 foresmēagan, Lk. 21, 14.
 gebicgan, Lk. 22, 41.
 gesettan, Mt. 22, 44.
 gelædan, Mk. 15, 47.
 voluit rationem ponere = gerādegode, Mt. 18, 23.
————, J. 10, 15.
pontifex: bisceop (20).
populus: folc (48).
————, Mt. 21, 23.
porcus: swȳn (12).
porrigere: rǣcean, Lk. 11, 12; 24, 30. J. 13, 26.
 syllan, Mt. 7, 9. 10.
porro: gewislice (gewisslice), Mt. 8, 27. Lk. 10, 42; 11, 20.
porta: geat (get), Mt. 7, 13. 14; 16, 18. Lk. 7, 12; 13, 24.
portare: beran (11).
 āberan, Mt. 8, 17; 20, 12. Lk. 11, 46.
 ācuman, J. 16, 12.
 portans = mid, Lk. 22, 10.
portentum (*signum et portentum* = forebēacen, Mk. 13, 22).

porticus: portic, J. 5, 2; 10, 23.
portio: ǣht, Lk. 15, 12.
poscere: biddan, J. 4, 9; 11, 22.
posse: magan (135).
 habban, Mk. 3, 20; 9, 17.
 sculan, Mt. 9, 15. Mk. 2, 19.
————, J. 8, 6.
possessio: ǣht, Mt. 19, 22. Mk. 10, 22.
possibilis: mihtelic (mihtiglic, mihtlic), Mk. 9, 22; 14, 36. Lk. 18, 27.
 ēaðelic, Mt. 19, 26. Mk. 10, 27.
 possibile est = bēon mǣge, Mt. 26, 39.
possidere: āgan (6).
 habban, Mt. 10, 9; 19, 29. Lk. 10, 25; 18, 12.
 gehealdan, Lk. 21, 19.
 onfōn, Mt. 25, 34.
postea: syððan, Mt. 4, 2; 21, 29. 32. J. 13, 7.
 æfter ðyson (æfter ðām, æfter ðan), J. 5, 14; 19, 28; 21, 1.
 eft, J. 13, 36.
posteaquam: syððan, Lk. 14, 29.
postquam: æfter ðām (7).
 syððan, Mk. 1, 14; 15, 20; 16, 19. Lk. 15, 30; 22, 20; 23, 33. J. 13, 12.
 seððan (!), Lk. 12, 5.
 ðā, Lk. 15, 14.
postulare: biddan, Mt. 14, 7. Lk. 23, 23.
 gebiddan, Lk. 1, 63.
potator (*potator vini* = wīndrincende, Mt. 11, 19).
potens: mihtig, Mt. 3, 9. Lk. 1, 49; 3, 8; 24, 19.
 rīce, Lk. 1, 52.
potentia: ————, Lk. 1, 51.
potestas: anweald (anwald) (43).
 miht, Mt. 21, 23. Lk. 4, 36. J. 19, 10. 11.
potius: mā, Mt. 10, 6. 28.
————, Mt. 25, 9.
potus: drinc, Mt. 10, 42; 25, 37. Mk. 9, 40. J. 6, 56.
 drincan, Mt. 25, 42. Mk. 15, 36.
præbere: gegearwian, Mt. 5, 39.
 wendan, Lk. 6, 29.

præcedere: cuman beforan, Mt. 28, 7.
  Mk. 14, 28.
  gān beforan, Mk. 21, 31. Mk. 10,
  .32.
  gān tōforan, Mk. 16, 7. Lk. 1,
  17.
  cuman tō, Mt. 26, 32.
  tōforan faran, Mt. 14, 22.
  beforan faran, Mk. 6, 45.
  beforan fēran, Mt. 21, 9.
  præcedebat ascendens = fērde,
  Lk. 19, 28.
præceps (*per præceps* = niwel,
  Mt. 8, 32.
  ———, Lk. 8, 33).
præceptor: bebēodend, Lk. 5, 5; 9,
  33. 49; 17, 13; 21, 7.
  hlāford, Lk. 8, 24. 45.
præceptum: bebod (7).
præcessor: forestæppend, Lk. 22, 26.
præcingere: begyrdan, Lk. 12, 35.
  37. J. 23, 4. 5.
  gyrdan, Lk. 17, 8.
præcipere: bebēodan (20).
  bēodan, Mk. 7, 36; 8, 15; 9, 8;
  10, 3; 11, 6. 13. 34. Lk. 8, 29.
  56; 9, 21.
  hātan, Mk. 8, 6; 10, 49.
præcipitare: bescūfan, Mk. 5, 13.
  scūfan, Lk. 4, 29.
præcogitare: foresmēagan, Mk. 13,
  11.
præcurrere: foriernan, J. 20, 4.
  iernan beforan, Lk. 19, 4.
prædicare: bodian (bodigean) (28).
  gebodian, Mt. 26, 13. Mk. 13, 10.
  cӯðan, Lk. 8, 39.
prædicatio: bodung, Mt. 12, 41. Lk.
  11, 32.
prædicere: forsecgean (foresecgean),
  Mt. 24, 25. Mk. 13, 23.
  secgean, Mt. 28, 7.
prædium: tūn, Mk. 14, 32. J. 4, 5.
prægnans: ēacniende (ēacnigende),
  Mt. 24, 19. Lk. 21, 23.
  cennende, Mk. 13, 17.
  wesan geēacnod, Lk. 2, 5.
præire: gān beforan, Mk. 11, 9. Lk.
  1, 76.
  foresteppan, Lk. 18, 39.

prælium: gefeoht, Mk. 24, 6. Lk.
  21, 9.
præmeditari: foresmēagan, Lk. 21,
  14.
præmonere: gemyngian, Mt. 14, 8.
præpararc: gegearwian, Mt. 11, 10.
  Mk. 1, 2. Lk. 7, 27. J. 14, 3.
  ———, Lk. 12, 47.
præsepium: binn, Lk. 2, 7. 12. 16;
  13, 15.
præses: dēma (14).
præstare: tiligan, Lk. 7, 4.
  ðēnian, J. 16, 2.
  ducatum præstare = lædan, Mt.
  15, 14.
præter: būtan, Mk. 11, 13; 12, 32.
  ofer, Lk. 13, 4.
prætergredi: forbūgan, Mk. 9, 29.
præterire: gewītan, Mt. 5, 18; 24,
  34. 35. Lk. 16, 17; 21, 32.
  forbūgan, Mk. 6, 48. Lk. 10, 31;
  11, 42.
  faran, Lk. 18, 36. J. 9, 1.
  fēran, Mk. 1, 16.
  forðāgän, Mt. 14, 15. Mk. 6, 35.
  forgӯman, Lk. 15, 29.
  forðgān, Mk. 2, 14.
præteriens = wegfērende, Mt.
  27, 39; Mk. 15, 21.
prætereuntes = forðstōpon, Mk.
  15, 29.
prætorium: dōmern (6).
prævalere: mugan, Mt. 16, 18.
prævenire: cuman, Mk. 14, 8.
  beforan cuman, Mk. 6, 33.
  ———, Mt. 17, 24.
prandere: etan, Lk. 11, 37. J. 21,
  12. 15.
prandium: feorm, Mt. 22, 4. Lk.
  14, 12.
  gereord, Lk. 11, 38.
pravus: ðwur, Lk. 3, 5.
prendere: fōn, J. 21, 3.
  gefōn, J. 21, 10.
pressura: forðriccednys, Lk. 21,
  25.
  ofðriccednys, Lk. 21, 23.
  hefinyss, J. 16, 21.
  hefig byrðen, J. 16, 33.
pretiosus: dēorwyrðe (dēorwurðe),

4

Mt. 13, 46; 26, 7. Mk. 14, 3.
  Lk. 7, 25. J. 12, 3.
dȳre, Lk. 7, 2.
pretium: wurð, Mt. 27, 6, 9.
primo: æryst, Mk. 16, 9.
——, Mk. 9, 12.
primogenitus: frumcenned, Mt. 1,
  25. Lk. 2, 7.
primum: ærest (æryst, ærost) (20).
——, Lk. 12, 31.
primus: fyrmest (19).
  forma, Mt. 10, 2; 22, 25; 26, 17;
    28, 1. Mk. 14, 12. Lk. 11, 43;
    14, 18; 16, 5; 19, 16; 20, 29. 46.
  ærest, Mt. 20, 10. Mk. 12, 20. Lk.
    2, 2. J. 8, 7; 19, 32; 20, 8.
  ær, Mt. 20, 1. Mk. 16, 9.
  mæst, Mk. 12, 28. 29.
  æftera (!), Mt. 21, 31.
  raðor, J. 20, 4.
  sēlest, Lk. 15, 22.
  yldest, Lk. 20, 46.
  yldra, Mt. 21, 28.
princeps: ealdor (yldor), (61).
  ealdorman, Mt. 20, 25. Mk. 6, 21.
    Lk. 9, 22; 19, 47; 22, 4. 66.
  princeps sacerdotum = wita,
    Lk. 22, 52.
  ——, Mt. 2, 4. Lk. 19, 2.
principari: ealdorscype (!), Mk. 10,
  42.
principatus: ealdor, Lk. 20, 6.
principium: fruma, Lk. 1, 3. J. 1,
  2; 8, 25.
  frymð, J. 1, 1.
prior (adj.): ærra, Mt. 12, 45; 21,
  36; 27, 64. Lk. 11, 26.
  eald, Lk. 9, 19.
  raðust, J. 5, 4.
prior (prep.): ær, J. 1, 15. 30. J.
  15, 18.
prius: ær, Mt. 5, 24. Lk. 2, 26; 14,
  31. J. 6, 63; 7. 51.
  æryst (ærest, ærust), Mt. 12, 29;
    23, 26. Mk. 3, 27; 7, 27. Lk.
    14, 28.
  ærðām, J. 17, 5.
  ——, J. 9, 8.
priusquam: ærðām, Mt. 26, 75. J.
  1, 48; 13, 19; 14, 29; 17, 5.

ær, Mk. 14, 30. 72. Lk. 2, 21; 22,
  61. J. 4, 49.
probare: āfandian (āfandigean), Lk.
  12, 56.
  fandian, Lk. 14, 19.
Probatica: ——, J. 5, 2.
procedere: gān, Mt. 4, 4. 21; 15, 11.
  18; Lk. 4, 22.
  forðgān, Mk. 7, 15. Lk. 1, 7. 18.
    J. 18, 4.
  cuman, Mk. 7, 21. 23. J. 8, 42;
    15, 26.
  faran, J. 5, 29.
  fēran, Mk. 1, 28.
  forðsteppan, Mk. 14, 35.
  ūt gān, J. 12, 13.
  wunian (!), Lk. 2, 36.
procella: ȳst, Mk. 4, 37. Lk. 8, 23.
procidere: āstreccan (10).
  feallan, Lk. 5, 8. J. 9, 38.
  āfeallan, Mt. 26, 39.
  āðenian, Mt. 2, 11.
procumbere: ālūtan, Lk. 24, 12.
  būgan, Mk. 1, 7.
procurare: begȳman, Lk. 3, 1.
procurator: gerēfa, Mt. 20. 8. Lk.
  8, 3.
procurrere: iernan, Mk. 10, 17.
prodere: belǣwan, Mk. 14, 10.
prodigium: fore-bēacn, Mt. 24, 24.
  J. 4, 48.
prodire: forðsteppan, J. 11, 44.
proditor: lǣwa, Lk. 6, 16.
producere: forðbringan, Mk. 4, 29.
  bringan, Lk. 21, 30.
profecto: eallunga, Lk. 11, 20. 48.
proferre: forðbringan, Mt. 12, 35;
  13, 52. Lk. 6, 45.
  bringan, Lk. 10, 35; 15, 22.
proficere: fremman, Mt. 27, 24. Mk.
  5, 26. Lk. 9, 25. J. 12, 19.
  ðēon, Lk. 2, 52.
proficisci: fēran (8).
  faran, Mk. 16, 20.
profiteri: fēran (!), Lk. 2, 3. 5.
profluvium (profluvium sanguinis
  = blōdryne, Mk. 5, 25).
profugere: flēon, Mk. 14, 52.
profundum: grund, Mt. 18, 6.
progenies: cnēores, Lk. 1, 50.

cyn, Mt. 3, 7.
cynryn, Mt. 12, 34.
progredi: āgān, Mt. 26, 39. Mk. 1, 19.
———, Mk. 2, 23.
prohibere: forbēodan (10).
projicere: āweorpan (6).
  ādrīfan, Lk. 4, 35.
  ālecgan, Mt. 15, 30.
  beweorpan, Lk. 17, 2.
prolixius: lange, Lk. 22, 43.
prolixus: langsum, Mk. 12, 40.
promissum: behāt, Lk. 24, 29.
promittere: behātan, Mk. 14, 11.
promptus: gearu, Mk. 14, 38.
  hræd, Mt. 26, 41.
prope: gehende (6).
  nēah (nēh), Lk. 19, 11. J. 2, 13.
properare: efstan, Lk. 8, 4.
propheta: wītega (87).
———, Mt. 22, 40. Lk. 11, 29; 24, 27.
prophetare: wītegian (6).
prophetia: wītegung, Mt. 13, 14.
prophetissa: wītegystre, Lk. 2, 36.
prophetizare: ārǣdan, Mk. 14, 65. Lk. 22, 64.
  secgean, Mt. 26, 68.
propitius: milde, Lk. 18, 13.
proponere: reccan, Mt. 13, 24. 31.
propositio (*panis propositionis* = offrunghlāf, Mt. 12, 4. Mk. 2, 26. Lk. 6, 4.)
proprius: āgen (6).
  him sylf, J. 8, 44.
———, J. 10, 12.
propter: for (57).
  forðām, Mt. 13, 21; 14, 3. 9; 19, 5; 27, 8. J. 11, 15; 12, 11.
  ðurh, J. 6, 58.
propter tamen = ðēah hwæðere, Lk. 11, 8.
  ergo propter = forðām, J. 19, 42.
———, Mt. 23, 14.
propterea: forðām (for ðām) (10).
  forðȳ (for ðī, forðī, forðig), J. 6, 66; 7, 22; 8, 47; 12, 18. 39; 15, 19; 16, 15.
prosequi: fyligean, Mk. 1, 36.
prospicere: besēon, J. 20, 11.

prosternere: āfyllan, Lk. 19, 44.
protestari: cȳðan, J. 13, 21.
protinus: hrædlice, Mk. 1, 18. 29; 6, 25.
prout: swā, Lk. 6, 31.
  ðæt (!), Mk. 4, 33.
proverbium: bigspell, J. 10, 6; 16, 25. 29.
provolvere: gebīgan, Mt. 17, 14.
proximus: nēhsta (nēxta) (9).
  gehende, Mk. 1, 38; 6, 36. J. 6, 4. 19; 7, 2; 11, 55.
  mæg, Lk. 10, 36.
prudens: glēaw (9).
prudenter: glēawlice, Lk. 16, 8.
prudentia: glēawscype (glēawscipe), Lk. 1, 17; 2, 47.
pruna: glēd, J. 18, 18; 21, 9.
psalmus: sealm, Lk. 20, 42; 24, 44.
pseudo-: lēas, Mt. 24, 11. 24. Mk. 13, 22; Lk. 6, 26.
publicanus: mānful (16).
  publicanus, Mt. 10, 3. Lk. 5, 27.
  sundorhālga, Lk. 7, 29; 18, 10.
———, Lk. 19, 2.
puella: mæden (15).
———, Mk. 5, 42.
puer: cild (19).
  cnapa, Mt. 8, 6. 8. 13; 11, 16; 12, 18; 17, 17. Mk. 9, 35. 36. Lk. 1, 66. 76. 80; 9, 43. 47. 48. J. 6, 9; 16, 21; 21, 5.
  cniht, Mt. 14, 2. Lk. 1, 54. 69; 7, 7; 11, 7.
  lȳtling, Lk. 18, 16.
———, Lk. 2, 27. 43.
pugillaris: wexbred, Lk. 1, 63.
pullus: fola (12).
  bridd, Lk. 2, 24.
  cīcen, Mt. 23, 37.
———, Lk. 19, 33.
pulmentarium: sufol, J. 21, 5.
pulsare: cnucian (6).
pulvis: dūst, Mt. 10, 14. Mk. 6, 11. Lk. 9, 5; 10, 11.
puppis: scip, Mk. 4, 38.
purgare: feormian, Lk. 3, 17. J. 15, 2.
  clǣnsian, Mk. 7, 19.

4*

purgatio: clǣnsung, Lk. 2, 22.
purificatio: clǣnsung, J. 3, 25.
  geclǣnsung, J. 2, 6.
purpura: purpura, Mk. 15, 17. 20. Lk. 16, 19.
purpureus: purpure J. 19, 2.
  purpuren, J. 19, 5.
pusillus: lȳtling, Mt. 18, 6; 10, 14; Mk. 9, 41. Lk. 17, 2.

lȳtel, Mt. 26, 73. Mk. 14, 70. Lk. 12, 32; 19, 3; 22, 58.
hwōn, Mk. 1, 19; 6, 31.
lȳthwōn, Mt. 26, 39. Lk. 5, 3.
gehwǣde, Lk. 12, 28.
putare: wēnan (22).
————, Lk. 12, 51.
puteus: pytt (pyt), Lk. 14, 5. J. 4, 11. 12.

Q.

quadraginta: fēowertig (fēowurtig), Mt. 4, 2. Mk. 1, 13. Lk. 4, 2. J. 2, 20.
quadrans: fēorðling, Mt. 5, 26. Mk. 12, 42.
quadruplum: fēowerfeald, Lk. 19, 8.
quærere: sēcan (sēcean) (72).
  smēagean, Mt. 26, 16. Mk. 8, 11; 12, 12; 14, 11. Lk. 9, 9; 19, 47; 22, 2. 23; 24, 15. J. 10, 39; 16, 19.
  gyrnan, Lk. 11, 16.
  ðencan, Mk. 11, 18.
  willan, Lk. 19, 3.
  quæris = segst, J. 4, 27.
quæstio (facta est quæstio = smēadon, J. 3, 25).
qualis: hwylc, Mk. 13, 1. Lk. 7, 39.
  hwæt, Mt. 8, 27. Lk. 1, 29.
  swā, Mt. 24, 21. Mk. 9, 2.
  swylc, Mk. 13, 19.
qualiter: hū, Mk. 5, 16. Lk. 12, 11; 24, 6.
quamdiu: swā lange swā, Mt. 25, 40. 45. Mk. 2, 19; 9, 18.
  ðä hwīle, Mt. 9, 15. J. 9, 5.
quando: hwænne (13).
  ðā, Mt. 12, 3. Mk. 2, 25; 4, 6; 14, 12. Lk. 4, 25; 22, 35. J. 1, 19; 9, 14; 12, 16. 17. 41; 20, 24.
  ðonne (ðænne), Mk. 13, 4. Lk. 17, 22. J. 4, 21. 23; 5, 25; 9, 4.
  ————, Mt. 25, 39.
quanquam: ðēah, J. 4, 2.
quanto: swā, Mk. 7, 36.
quanto magis: mycle mā, Mt. 6, 30; 7, 11; 12, 12.

swā mycle mā, Lk. 11, 13; 12, 28.
  mycle swȳður, Mt. 10, 25.
  ðæs ðē mā, Lk. 12, 24.
quantum: hū mycel, Lk. 16, 5. 7; 19, 15.
  swā mycel swā, Lk. 22, 41. J. 6, 11.
  hū lang, Mk. 9, 20.
quantus: hū mycel, Mt. 6, 23. Mk. 5, 19; 15, 4. Lk. 8, 39.
  hū fela, Mt. 27, 13. Mk. 5, 20. Lk. 15, 17.
  swā fela swā, Lk. 4, 23.
  swā lange, Mk. 2, 19.
quare: hwī (19).
  for hwī (for hwig), Mt. 13, 10. J. 7, 45.
  for hwām, Mt. 21, 26.
quartus: fēorða, Mt. 14, 25. Mk. 6, 48.
quassare: tōcwȳsan, Mt. 12, 20.
quatriduanus: for fēowur dagon, J. 11, 39.
quatuor: fēower (9).
  fīf (!), Mk. 8, 9.
quatuordecim: fēowertȳne, Mt. 1, 17.
quemadmodum: hū, Lk. 8, 47; 21, 14; 22, 4; 23, 55.
  swā, Mt. 23, 37. Lk. 13, 34. J. 13, 15.
  swylce, Mk. 4, 26.
querela: wrōht, Lk. 1, 6.
quindecim: fȳftȳne, J. 11, 18.
quingenti: fīf hund, Lk. 7, 41.
quin imo: ————, Lk. 11, 28.

quinquagenı: fīftig, Mk. 6, 40. Lk. 9, 14.
quinquaginta: fīftig, Lk. 7, 41; 16, 6. J. 8, 57; 21, 11.
quinque: fīf (31).
ān (!), Lk. 14, 19.
quintus decimus: fīftēoða, Lk. 3, 1.
quippe: on eornost (on eornust), Mt. 5, 18; 13, 17; 17, 19.
sōðlice, Mk. 16, 4.
———, Lk. 6, 38. J. 7, 4.
quisnam: hwā, Mk. 1, 27. Lk. 6, 11. J. 13, 11.
quispiam: sum, Mk. 15, 21.
quisquam: ænig, Mk. 5, 37; 7, 12; 11, 14. 16; 12, 14.
ān, Mt. 22, 46. Mk. 5, 3.
man, Mt. 12, 29.
(with negative): nān ðing, (10).
nān man, Mk. 16, 8. Lk. 9, 36; 12, 15. J. 5, 22; 6, 46; 8, 15; 10, 28; 19, 41.
nān, Mk. 9, 8. 29. Lk. 8, 51. J. 18, 19.
nænig, Lk. 23, 53.
nāht, Mk. 5, 26.
quisque: gehwylc, Lk. 19, 15.
quisquis: swā hwilc swā, Mk. 9, 36; 10, 15.

swā hwā swā, J. 9, 41.
swā hwæt swā, J. 6, 23.
sē, Mk. 9, 40.
quoadusque: oð, Lk. 24, 49.
oððæt, Mt. 18, 34.
quocumque: swā hwyder swā (swā hwæder swā), Mt. 8, 19. Mk. 14, 14. Lk. 9, 57.
hwā swā, Mk. 6, 56.
hwilc swā, Mk. 6, 10.
quomodo: hū (45).
hūmeta, Mt. 7, 4; 22, 12. Lk. 12, 56; 20, 44. J. 3, 12; 4, 9; 6, 42; 7, 15; 8, 33; 9, 19. 21; 12, 34; 14, 9.
hwī, Mt. 22, 43. Mk. 8, 21. Lk. 20, 41.
swā, Mk. 9, 11. J. 14, 27.
quot: hū fela (7).
quotid- see *cotıd-*.
quoties: hū oft, Lk. 13, 34.
swīðe oft, Mt. 23, 37.
———, Mt. 18, 21.
quotquot: swā fela swā, Mk. 3, 10; 6, 56.
swā hwylc swā, J. 1, 12.
ðā ðe, J. 10, 8.
———, Lk. 11, 8.
quousque: hū lange, Mt. 17, 16. J. 10, 24.

R.

rabbi: lārēow (11).
rabbi, J. 1, 38. 49; 3, 2. 26.
rabboni: lārēow, Mk. 10, 51.
rabboni, J. 20, 16.
raca: ðū āwordena, Mt. 5, 22.
radix: wyrtruma (wyrtrum) (8).
ramus: bōg, Mt. 13, 32; 21, 8. Mk. 4, 32. Lk. 13, 19.
twig (twī), Mt. 24, 32. Mk. 13, 28.
rapax: rēafigende, Mt. 7, 15.
rapere: niman, Mt. 11, 12. J. 10, 12. 28. 29.
berēafian, Mt. 13, 19.
gelæccean, J. 6. 15.
rapina: rēaflāc, Mt. 23, 25. Lk. 11, 39.

raptor: rēafere, Lk. 18, 11.
ratio: gerād, Mt. 18, 24; 25, 19.
gescēad, Mt. 12, 36.
———, Mt. 18, 23. Lk. 16, 2.
reædificare: eft getimbran (getimbrigean), Mt. 26, 61; 27, 40. Mk. 15, 29.
recedere: fēran, Mt. 2, 13; 12, 15. Lk. 24, 51.
gewītan, Lk. 4, 13.
āwācian, Lk. 8, 13.
gān heonon, Mt. 9, 24.
recipere: onfōn (21).
underfōn, Mt. 10, 14. 40. 41. J. 1, 11. 12.
gelȳfan, Mt. 11, 14.

niman, Mt. 25, 27.
————, Mk. 6, 11.
reclinare: ahyldan, Mt. 8, 20. Lk. 9, 58.
ālecgan, Lk. 2, 7.
reconciliare: gesybsumian, Mt. 5, 24.
recordari: gemunan (9).
  geðencan, Mt. 5, 23; 16, 9. Mk. 8, 18. Lk. 16, 25; 24, 6.
————, Mk. 11, 21.
recte: rihte, Mk. 7, 35. Lk. 7, 43; 10, 28; 20, 21.
rectus: riht, Mt. 3, 3. Mk. 1, 3. Lk. 3, 4.
recubitus: lāreowsetl, Mt. 23, 6.
recumbere: sittan (12).
  hlinian, J. 13, 23. 25; 21, 20.
  wunian, Mt. 8, 11.
reddere: āgiefan (13).
  āgyldan, Mt. 5, 26. 33; 6, 4. 18; 12, 36; 16, 27; 18, 25. 26. 34. Lk. 7, 42; 12, 59.
  forgyldan, Lk. 10, 35.
————, Mt. 18, 25.
redemptio: ālȳsednesṡ (-nyss, -nes), Mt. 20, 28. Mk. 10, 45. Lk. 1, 68; 2, 38; 21, 28.
redire: āgēn cuman, Lk. 8, 40; 19, 15.
  āgēn hwyrfan, Mk. 6, 31. Lk. 17, 18.
  wendan, Lk. 8, 39; 17, 31.
  āgēn gehwyrfan, Lk. 2, 43.
  cuman, Lk. 10, 35.
  hwyrfan, Mt. 2, 12.
redimere: ālȳsan, Lk. 24, 21.
reducere: tēon, Lk. 5, 3.
refectio (*refectio mea* = mīn gysthūs and mīn gereord, Mk. 14, 14).
referre: bringan, Mt. 27, 3. Lk. 8, 14.
reficere: geblissian, Mt. 11, 28.
  regnian, Mt. 4, 21.
refrigerare: gecǣlan, Lk. 16, 24.
refrigescere: acōlian, Mt. 24, 12.
refulgere: scīnan, Lk. 9, 29.
regeneratio: edcenning, Mt. 19, 28.
regere: reccean, Mt. 2, 6.
regina: cwēn, Mt. 12, 42. Lk. 11, 31.

regio: rīce (20).
  land, Mt. 14, 35. J. 11, 54. 55.
  eard, Mt. 4, 16. J. 4, 35.
  qui in regionibus = ðā ðe ðārūte synt, Lk. 21, 21.
regnare: rīxian (rīcsian), Mt. 2, 22. Lk. 1, 32; 19, 14. 27.
regnum: rīce (121).
  eorðe, Mt. 24, 14.
  God (!), Mt. 13, 19.
regredi: fēran, Lk. 4, 1. 14.
  gehweorfan, Lk. 17, 7; 24, 52.
  gewendan, Lk. 2, 45; 24, 9.
  wendan, Lk. 24, 33.
————, Lk. 17, 15.
regulus: undercyning (undercing), J. 4, 46. 49.
reinvitare: āgēn laðian, Lk. 14, 12.
rejicere: āweorpan, Mk. 14, 52.
relinquere: forlǣtan (34).
  lǣfan, Mt. 22, 25; 24, 2. 40. 41. Mk. 12. 19. 20. 21. 22; 13, 2. Lk. 17, 35; 19, 44; 20, 31; 21, 6. J. 14, 27.
  lǣtan, Mt. 5, 24. Lk. 10, 40. J. 14, 18.
reliquiæ: lāf, Mt. 14, 20. Mk. 6, 43. Lk. 24, 43.
reliquus: ōðer, Mt. 22, 6; 25, 11. Mk. 4, 19.
remanere: belīfan, Lk. 2, 43.
  gebīdan, J. 8, 9.
  wunian, J. 19, 31.
remetiri: gemetan, Mk. 4, 24. Lk. 6, 38.
  gedēman, Mt. 7, 2.
remigare: gehrōwan, J. 6, 19.
  remigando = rēwette, Mk. 6, 48.
reminisci: gemunan, J. 16, 4.
remissio: forgyfenes (forgyfennys, forgyfnes) (6).
  ālȳsednes, Lk. 4, 19.
  dimittere in remissionem = gehǣlan, Lk. 4, 19.
remissē: forgyfenlice (forgyfendlice), Mt. 11, 22. 24. Lk. 10, 12, 14.
remittere: forgyfan (13).
  āgēn sendan, Lk. 23, 7. 11. 15.
renasci: edceunan, J. 3, 5.

renasci — revertere 55

eft ācennan, J. 3, 4.
ednīwe gecennan, J. 3, 3.
renuntiare: cȳðan, Mt. 2, 8; 11, 4. Mk. 6, 30. Lk. 7, 22; 9, 61.
wiðsacan, Lk. 14, 33.
repente: færinga, Mk. 13, 36.
repentinus: færlic, Lk. 21, 34.
repetere: feccan, Lk. 12, 20.
mynegian, Lk. 6, 30.
replere: gefyllan, Lk. 1, 15. 41; 4, 28; 5, 26; 6, 11.
āfyllan, Lk. 1, 67.
reponere: ālǣdan, Lk. 19, 20.
reprehendere: befōn, Lk. 20, 26.
reprobare: āweorpan (6).
repudium: hīwgedāl, Mt. 5, 31; 19, 7. Mk. 10, 4.
reputare: getellan, Mk. 15, 28.
smēagean, Lk. 11, 38.
requies: rest, Mt. 11, 29; 12, 43. Lk. 11, 24.
requiescere: restan, Mk. 6, 31; 14, 41. Lk. 10, 6; 13, 19.
gerestan, Lk. 12, 19.
requirere: sēcan, Lk. 2, 44. 45; 4, 42.
gesēcan, Lk. 11, 51.
res: ðing, Mt. 18, 19. Lk. 1, 1.
rescindere: tōslītan, Mk. 7, 13.
residere: ārīsan (!), Lk. 7, 15.
sittan, Mk. 9, 34.
resistere: winnan, Mt. 5, 39.
wiðstandan, Lk. 21, 15.
respicere: besēon (6).
gesēon, Lk. 1, 25. 48; 9, 38; 21, 1.
behealdan, Mt. 6, 26.
wandian, Mt. 22, 16.
sursum respicere = ūpbesēon, Lk. 13, 11.
resplendere: scīnan, Mt. 17, 2.
respondere: andswarian (antswarian) (183).
andwyrdan, Mt. 26, 62. 66; 27, 14. 21. Mk. 12, 34. J. 1, 21. 26. 48. 49; 3, 27; 4, 17; 6, 7; 6, 69. J. 7, 46.
cweðan, J. 19, 22.
geandswarian, Mt. 15, 23.
————, Mt. 15, 26; 17, 4; 21, 29; 22, 1; 26, 25. Mk. 6, 37;

10, 5. 51; 11, 14. 29. 33; 12, 17. 35; 13, 2. Mk. 15, 9. Lk. 3, 11; 7, 22; 8, 21; 10, 41; 13, 8. 14. 25; 14, 3. 6. 24. J. 1, 50; 7, 47; 18, 36.
responsum: andswaru, Mt. 2, 12. Lk. 2, 26. 47; 20, 26. J. 19, 9.
andwyrde, J. 1, 22.
restituere: geednīwian, Mt. 17, 11. Mk. 8, 25; 9, 11. Lk. 6, 10.
resurgere: ārīsan (30).
————, Mk. 12, 23.
resurrectio: ǣryst (ǣrist, ǣrest) (17).
resuscitare: ārǣran, J. 6, 44. 55.
weccan, Mk. 12, 19. J. 6, 40.
āweccan, J. 6, 39.
rete: nett (net) (14).
rete piscium = fiscnett, J. 21, 8.
retinere: healdan, Lk. 8, 15. J. 20. 23.
retribuere: forgieldan, Lk. 14, 14.
retributio: edlēan, Lk. 4, 19; 14, 12.
retro: onbæc, Mk. 8, 33. Lk. 9, 62; 17, 32. J. 6, 67.
wiðæftan, Mt. 9, 20. Mk. 5, 27. Lk. 7, 38; 8, 44.
ongēan, Mk. 13, 16.
retrorsum: onbæc, J. 20, 14.
underbæc, J. 18, 6.
reus: scyldig (7).
revelare: onwrēon, Mt. 11, 25. 27; 16, 17. Lk. 17, 30.
āwrēon, Lk. 2, 35; 10, 21. 22.
geopenian, Mt. 10, 26.
geswutelian, J, 12, 38.
unhelan, Lk. 12, 2.
revelatio: āwrigeness, Lk. 2, 32.
revercri: onðracian, Lk. 18, 2. 4.
forwandian, Mk. 12, 6.
revertere, reverti: cyrran, Mt. 24, 18. Mk. 13, 16. Lk. 14, 21; 23, 56. J. 5, 53.
gecyrran, Mt. 10, 13; 12, 44. Lk. 10, 6. 17; 12, 36.
gewendan, Lk. 1, 56; 2, 20; 11, 24; 23, 48.
behweorfan, Lk. 2, 39; 8, 55.
cuman, Lk. 7, 10.
faran, Mt. 21, 18.

fēran, Mt. 2, 12.
beðencan, Lk. 15, 17.
bewendan, Mk. 14, 40.
eft āgēn cuman, Lk. 19, 12.
————, Lk. 9, 10.
reviviscere: geedcucian, Lk. 15, 24. 32.
revolvere: āwyltan, Mt. 28, 2. Mk. 16, 3. 4. Lk. 24, 2.
unfealdan, Lk. 4, 17.
rex: cyning (cining, cyng, cing) (57).
gebod, Mt. 2, 9.
————, Mt. 2, 3; 25, 34. Lk. 7, 25.
ridere: hlihhan, Lk. 6, 21. 25.
rigare: ðwēan, Lk. 7, 38. 44.
rogare: biddan (44).
gebiddan, Lk. 22, 32. J. 4, 10; 17, 20.
rubicundus: rēad, Mt. 16, 2.

rubor: sceamu, Lk. 14, 9.
rubus: beigbēam, Lk. 20, 37.
gorst, Lk. 6, 44.
gorstbēam, Mk. 12, 26.
rudis: nīwe, Mt. 9, 16. Mk. 2, 21.
ruina: hryre, Mt. 7, 27. Lk. 2. 34; 6, 49.
rumor: hlīsa, Mk. 1, 28.
rumpere: tōbrecan, Mt. 9, 17. Lk. 5, 6.
brecan, Lk. 5, 37.
slītan, Lk. 5, 36.
tōberstan, Lk. 8, 29.
rursum: eft (9).
————, J. 18, 40.
rursus: eft, Mk. 2, 13; 10, 24; 11, 27; 14, 69.
ruta: rude, Lk. 11, 42.
rutilare: scīnan, Mt. 16, 3.

S.

sabbatum: restedæg (49).
sæterdæg (sæterndæg, sæternes dæg), Mk. 15, 42; 16, 1. Lk. 23, 54. 56.
wucu, Lk. 18, 12.
sacculus: sēod, Lk. 12, 33; 22, 35. 36.
sacc, Lk. 10, 4.
sacerdos: sācerd (54).
summus sacerdos = hēahsācerd, Mk. 8, 31; 11, 27; 14, 1. 10. 43; 14, 53. 54. 55. 60. 61. 63. 66; 5, 3. 10. 31; 24, 20.
————, Lk. 9, 22; 22, 52; 23, 4.
sacerdotium: sācerdhād (sācerd hād), Lk. 1, 8. 9.
sacrificium: onsægdness (onsægdnyss), Mt. 9, 13; 12, 7. Mk. 12, 33.
offrung, Lk. 13, 1.
sæculum: woruld (world) (15).
ærumna sæculi et deceptio divitiarum = of-yrmðe swicdōme woroldwelene, Mk. 4, 19.
sæpe: oft, Mt. 17, 14. Mk. 5, 4.
sævus: rēðe, Mt. 8, 28.

sagena: nett, Mt. 13, 47.
saginatus: fætt (fæt), Lk. 15, 23. 27. 30.
sal: sealt (6).
salire: gesyltan, Mk. 9, 48.
————, Mt. 5, 13.
salire: forðræsan, J. 4, 14.
saltare: tumbian, Mt. 14, 6. Mk. 6, 22.
frīcian, Mt. 11, 17.
sealtian, Lk. 7, 32.
salus: hǽlu (hǽl), Lk. 1, 69. 77; 19, 9. J. 4, 22.
ālȳsan, Lk. 1, 71.
salutare: grētan (6).
wylcumian, Mt. 5, 47.
salutaris: hǽlu, Lk. 2. 30; 3, 6.
hǽlend, Lk. 1, 47.
salutatio: grēting, Lk. 1, 29. 41. 44; 11, 43; 20, 46.
salutationes = ðæt hig man grēte, Mt. 23, 7.
salvare: gehǽlan, Mt. 18, 11; 27, 40. Lk. 7, 3; 13, 23. J. 3, 7.
bēon hāl, J. 10, 9.
salvator: hǽlend (hǽlynd), Lk. 2, 11. J. 4, 42.

salvificare: gehǣlan, J. 12, 27. 47.
salvus: hāl (34).
salvum facere = gehǣlan, Mt. 9, 22; 27, 42. Mk. 3, 4; 8, 35; 15, 30. Lk. 9, 24; 18, 42; 23, 35. 39.
———, Mt. 19, 25.
sanare: gehǣlan (19). hǣlan, Mt. 4, 23.
sanatus esse = hāl weorðan (geweorðan), Mt. 15, 28. Lk. 8, 47.
———, Lk. 4, 18.
sanctificare: gehālgian (8). hālgian, J. 17, 19.
sanctitas: hāligness, Lk. 1, 75.
sanctus: hālig (hāleg) (30). hālga, Mt. 1, 20; 3, 11; 4, 5; 7, 6. Mk. 1, 24; 3, 29; 12, 36; 13, 11. Lk. 1, 35.
sandalia: calc, Mk. 6, 9.
sanguis: blōd (25).
fluxus sanguinis = hlōdryne, Mt. 9, 20. Lk. 8, 43.
profluvium sanguinis = hlōdryne, Mk. 5, 25.
sanitas: hǣlu, Lk. 13, 32.
restituta est sanitati = wæs hāl geworden, Mt. 12, 13.
sanus: hāl (10).
sanum facere = gehǣlan, J. 5, 4. 11; 7, 23.
hǣlan, J. 5, 15.
sanus fuerat effectus = gehǣled wæs, J. 5, 13.
sapere (*non sapere* = nytan, Mt. 16, 23. Mk. 8, 33).
sapiens: wīs, Mt. 7, 24; 11, 25; 23, 34; 25, 8. Lk. 10, 21.
sapienter: wīslice, Mk. 12, 34.
sapientia: wīsdōm (10).
sarcina: sēam, Lk. 11, 46.
sata: æcer (æcyr), Mt. 12, 1. Mk. 2. 23. Lk. 6, 1.
satagere: ðēnian, Lk. 10, 40.
satis: genōh, Lk. 22, 39.
satisfacere: gecwēman, Mk. 15, 15.
satum: gemet, Mt. 13, 33. Lk. 13, 21.
saturare: gefyllan (12).

saturatus esse = hēon full, J. 6, 26.
saxum: stān, Mt. 27, 60.
scabellum: fōtsceamol (-scamul, -scamol), Mt. 5, 35; 22, 44. Mk. 12, 36.
scandalizare: swician (8).
geuntrēowsian (geuntrȳwsian), Mt. 13, 21. 57; 24, 10; 26, 33. Mk. 14, 27. Lk. 7, 23.
gedrēfan, Mt. 15, 12. Mk. 6, 3; 9, 41. Lk. 17, 2.
æswician, Mt. 5, 29.
heswician, Mt. 18, 6.
geunrōtsian, Mt. 17, 26.
———, Mk. 4, 17.
scandalum: swicdōm, Mt. 18, 7.
gedrēfedness (-nyss), Mt. 13, 14. Lk. 17, 1.
wiðerrǣde, Mt. 16, 23.
scandalum pati = weorðan geuntrēowsod, Mt. 26, 31.
scenopegia: ———, J. 7, 2.
schisma (*schisma erat* = hig fliton, J. 9, 16).
scientia: gewit, Lk. 1, 77.
ingehȳd, Lk. 11, 52.
scindere: slītan, Mt. 26, 65. Mk. 14, 63. J. 19, 24.
tōslītan (tōslȳtan), Mt. 27, 51. Mk. 15, 38. Lk. 23, 45.
tōhrecan, J. 21, 11.
tōherstan, Mt. 27, 51.
scire: witan (*non scire* = nitan, nytan) (106).
cunnan, J. 7, 15. 29; 8, 19. 55; 14, 17; 20, 9.
secgean, Mt. 9, 30. Mk. 5, 43.
gecnāwan, J. 10, 4.
geopenian, Mt. 10, 26.
scitis = witod (!), J. 13, 17.
———. Mk. 5, 33.
sciscitari: āxian, Mt. 2, 4.
scissura: slite, Mt. 9, 16. Mk. 2, 21.
scopa: besma, Mt. 12, 44. Lk. 11, 25.
scorpia: snaca, Lk. 10, 19.
scorpioncm = scorpionem, ðæt is ān wyrmcynn, Lk. 11, 12.
scriba: bōcere (bōcyre), (53).
wrītere, Mt. 2, 4; 5, 20.

scribere: āwrītan (āwrȳtan) (45).
  wrītan, Mk. 10, 4. 5; 12, 19. Lk.
  1, 3. 63; 16, 6. 7; 20, 28. J. 1,
  45; 5, 46; 8, 6. 8; 19, 19. 21. 22;
  21, 24.
  gewrītan, Lk. 10, 26.
  ongewrītan, J. 19, 19.
  ——— ——, J. 21, 25.
scriptura: gewrit (23).
  ————, J. 7, 52; 19, 37.
scrutari: smēagean (smēan), J. 5,
  39; 7, 52.
secedere: fēran (10).
secessus: forðgang, Mt. 15, 17. Mk.
  7, 19.
secreto: dīhlice (dīglice, dīgollice),
  Mt. 17, 18; 24, 3. Mk. 9, 27.
  onsundron, Mt. 20, 17.
sectari: fyligean, Lk. 17, 23.
secum: mid him (mid hym) (9).
  betweox him, Mk. 11, 31.
  assumsit secum = him tōgenymeð, Mt. 12, 45.
  ————, Lk. 24, 12.
secundo: ōðre sīðe, Mt. 26, 42.
secundum: æfter (aeftyr) (21).
  be, Mt. 16, 27; 25, 15. J. 7, 24;
  18, 31.
  ————, Mk. 6, 39. J. 5, 4.
secundus: ōðer (ōðyr), Mt. 22, 26.
  39. Mk. 12, 21. 31. J. 4, 54.
  æftera, Lk. 6, 1; 12, 38.
securis: æx, Mt. 3, 10. Lk. 3, 9.
securus: sorhlēas, Lk. 28, 14.
secus: wið (18).
  be, Mt. 13, 48.
  retro secus = wiðæftan, Lk.
  7, 38.
sedere: sittan (77).
  rīdan, Mt. 21, 5. J. 12, 14.
  ————, Mk. 4, 1. Lk. 8, 35; 10,
  13.
sedes: setl, Mk. 19, 28; 25, 31. Lk.
  1, 32. 52.
  ————, Mt. 19, 28.
seditio: twyrǣdness, Lk. 21, 9; 23,
  19.
  swiccræft, Mk. 15, 7.
  sacu, Lk. 23, 25.
seditiosus: ræpling, Mk. 15, 7.

seducere: beswīcan (9).
seductor: swica, Mt. 27, 63.
segregare: āsyndrian, Mt. 25, 32.
semen: sæd (17).
  cynn, J. 7, 42; 8, 33.
  bearn, Mt. 22, 25.
sementis: gōd sæd, Mk. 4, 26.
seminare: sāwan (21).
  āsāwan, Mt. 13, 19. 20. 22. 23.
    Mk. 4, 15. 32.
  gesāwan, Mk. 4, 15. 16. 18. 20. 31.
semita: sīð, Mt. 3, 3. Mk. 1, 3. Lk.
  3, 4.
semivivus: sāmcucu, Lk. 10, 30.
semper: symle (symble) (15).
  ————, Mt. 18, 10. J. 6, 34.
sempiternum: ————, Mt. 21, 19.
senectus: yldo, Lk. 1, 36.
senescere: ealdian, J. 21, 18.
senex: eald, Lk. 1, 18. J. 3, 4.
senior: ealdra (yldra) (19).
  hlāford, Mt. 26, 3; 27, 12. 20.
  ealdorman, Mk. 8, 31. Lk. 22, 52.
  incipientes a senioribus = ān
  æfter ānum, J. 8, 9.
sensus: andgyt, Lk. 24, 45.
sentire: gefrēdan, Mk. 5, 29.
  ðencan, Lk. 9, 45.
seorsum: onsundron (onsundran) (7).
  āsundron, Mk. 4, 34.
separare: āsyndrian, Mt. 10, 35; 13,
  49. Mk. 10, 9.
  ēhtan, Lk. 6, 22.
  getwǣman, Mt. 19, 6.
  syndrigean, Mk. 10, 9.
separatim: synderlice, Mk. 13, 3.
  onsundran, J. 20, 7.
separatio: tōdāl, Lk. 12, 51.
sepelire: bebyrigean (bebyrgan) (8).
  byrigan, Lk. 9, 60.
sepes: hege, Lk. 14, 23.
  sepem circumdare = betȳnan,
  Mt. 21, 33. Mk. 12, 1.
septem: seofon (seofan, seofun, sufon) (21).
septies: seofon sīðas (seofon sīðun)
  Mt. 18, 21. 22. Lk. 17, 4.
septimus: seofoða, Mt. 22, 26. J. 4, 52.
septuagies: hundseofontig, Mt. 18,
  22.

septuaginta: hundseofantig, Lk. 10, 1.17.
sepulchrum: byrgen (6).
sepultura: byrgen, Mk. 14, 8.
 in sepulturam = on tō bebyrgenne, Mt. 27, 7.
 dies sepulturæ = dæg ðe man mē bebyrge, J. 12, 7.
sequens: æfter, Lk. 13, 33. J. 20, 6.
 ōðer, Lk. 9, 37; 20, 30.
sequentes = æfter fyligende, Mk. 16, 20.
sequi: fyligean (fylian, fylygian, filigan) (61).
 folgian, Mt. 19, 21. 27. 28. Mk. 2, 14; 6, 1; 8, 34; 10, 21. 28; 11, 9; 14, 13. Lk. 5, 11; 9, 23; 18, 22. 28. 43. J. 10, 27.
 ðār æfter fēran, Mt. 21, 9.
 ————, Mk. 1, 20. Lk. 7, 9.
serenus: smylte, Mt. 16, 2.
serere: sāwan, Mt. 6, 26.
sermo: spræc (spǣc) (49).
 word, Lk. 23, 9. J. 12, 38.
 gebed, Mt. 26, 44.
 ut caperent eum in sermone = ðæt hig hine gescyldgudun, Lk. 20, 20.
 ————, Lk. 3, 4.
sero: æfen (æuen) (7).
 ————, J. 6, 16.
serpens: næddre (7).
servare: healdan (12).
 gehealdan, J. 2, 10; 8, 51. 52; 14, 21; 15, 10; 17, 6. 15.
 behealdan, Mt. 27, 36.
 ————, Mk. 7, 4.
servire: ðēowian (10).
servus: ðēow (72).
 welh (?), Mt. 24, 50.
 ————, Mt. 18, 27. Lk. 7, 10; 12, 45.
sex: syx (six) (7).
sexagesimus: sixtigfeald (sixtifeald) Mt. 13, 8. 23.
sexaginta: syxtigfeald, Mk. 4, 8. 20.
 syxtig, Lk. 24, 13.
sextus: syxta (sixta) (7).
 hora erat quasi sexta = hit wæs middæg, J. 4, 6.

siccare: ādrūwian, Mk. 5, 29.
sicera: bēor, Lk. 1, 15.
signare: getācnian, J. 3, 33; 6, 27.
 innseglian, Mt. 27, 66.
significare: tācnian, J. 12, 33; 21, 19.
 geswutelian, J. 18, 32.
signum: tācn (tācen) (44).
 ————, Mk. 13, 22.
silentium: stylle bēon, Mt. 22, 34.
silentio = dīglice, J. 11, 28.
silere: gestillan, Lk. 23, 56.
siliqua: bēan-codd, Lk. 15, 16.
similis: gelīc (29).
 ðylc, Mk. 7, 8.
similiter: gelīce (12).
 swā, Mk. 14, 31. Lk. 13, 5; 20, 31; 22, 20.
 ēac, Mt. 27, 41. J. 21, 13.
 ————, Mk. 12, 22. Lk. 17, 31.
similitudo: bigspell (bigspel) (7).
 gelicness, Lk. 4, 23.
simplex: ānfeald, Mt. 6, 22.
 bylwit, Mt. 10, 16.
 hlūttor, Lk. 11, 34.
simul: ætgædere, Lk. 23, 18. J. 4, 36; 20, 4; 21, 2.
 him mid, Mk. 6, 26.
 betwux him, Lk. 7, 49.
simulque = eall ðām ðe him mid, Mk. 6, 22.
simul discumbere = midsitan, Lk. 14, 10.
 ————, Mt. 13, 29. Mk. 2, 15; 14, 31; 15, 41. Lk. 8, 7; 14, 15. 18; 23, 48.
simulare: hīwian, Lk. 20, 47.
 lætan, Lk. 20, 20.
sin: gif, Lk. 10, 6; 13, 9.
sinapis: senep, Mt. 13, 31; 17, 19. Mk. 4, 31. Lk. 13, 19; 17, 6.
sindon: scȳte, Mt. 27, 59. Mk. 14, 51. 52; 15, 46. Lk. 23, 53.
 ————, Mk. 15, 46.
sine: būtan (17).
 besæftan, Lk. 21, 6.
 sinc peccato = synlēas, J. 8, 7.
sinere: lǣtan (18).
 geðafian, Mt. 23, 13; 24, 43. Mk. 11, 16. Lk. 4, 41; 12, 39.

singularis: ān, Mk. 4, 10.
singulatim (*ei singulatim* = betwux him, Mk. 14, 19).
singuli: ǣle, Mt. 20, 9. J. 2, 6.
syndrig, Mt. 20, 10. Lk. 2, 3; 4, 40.
ānra gehwilc, Mt. 26, 22.
sinister: wynstre (10).
sinus: bearm, Lk. 6, 38. J. 1, 18; 13, 23.
grēada, Lk. 16, 22. 23.
siquidem: witodlice, Mt. 12, 33. Mk. 9, 33. Lk. 6, 33; 13, 9.
gif witodlice, Mt. 10, 13.
swā, Lk. 11, 4.
———, Lk. 20, 33.
sistere: gesettan, Lk. 2, 22.
sitire: ðyrstan (10).
socer: swēor, J. 18, 13.
socius: gefēra, Mt. 23, 30. Lk. 5, 7. 10.
socrus: sweger (6).
sol: sunne (12).
solemnis (*dies solemnis* = symbeldæg, Mt. 27, 15).
———, Lk. 2, 41.
solere: wesan gewuna, Mk. 15, 6.
solitudo: wēsten, Mk. 8, 4.
sollicitudo: caru, Lk. 8, 14.
eornfullness, Mt. 13, 22.
sollicitus: ymbhīdig (ymbehȳdig), Mt. 6, 25. 28. 31. Lk. 12, 22. 26.
embeðencende, Lk. 12, 11.
geornfull, Lk. 10, 41.
hogiende, Mt. 6, 34.
sollicitus erit = hæfð ymbhogan, Mt. 6, 34.
solum: an, Mt. 21, 21. J. 5, 18.
solus: ān (22).
sylf, Mt. 17, 8; 18, 15. Mk. 9, 1. Lk. 24, 12. J. 5, 44.
ǣnlīpig, Lk. 10, 40.
solvere: untīgan (9).
unbindan, Mt. 16, 19; 18, 18. Lk. 13, 16. J. 1, 27; 11, 44.
tōweorpan. Mt. 5, 17. 19. J. 2, 19; 7, 23.
uncnyttan, Mk. 1, 7. Lk. 3, 16.
āwendan, J. 10, 35.
brecan, J. 5, 18.
gyldan, Mt. 17, 23.

solutum est = unslȳped wearð, Mk. 7, 35.
somnus: swefn (7).
slǣp, Lk. 9, 32. J. 11, 11.
sonitus: swēg, Lk. 21, 25.
soror: swustor (16).
sors: hlot (6).
sortiri: hlēotan, J. 19, 24.
spargere: sprengan, Mt. 25, 24.
strēdan, Mt. 25, 26.
tōweorpan, Mt. 12, 30.
spatiosus: rūm, Mt. 7, 13.
spatium: fæc, Lk. 24, 13.
fyrst, Mk. 6, 31.
species: hīw, Lk. 9, 29. J. 5, 37.
ansȳn, Lk. 3, 22.
speciosus: wlitig, Mt. 23, 27.
spectaculum: wæfersȳn, Lk. 23, 48.
spectare: geanbīdian, Lk. 23, 35.
spelunca: scræf, Mk. 11, 17. Lk. 19, 46. J. 11, 38.
cot, Mt. 21, 13.
sperare: gehyhtan (gehihtan), Mt. 12, 21. Lk. 6, 35. J. 5, 45.
wēnan, Mt. 24, 50. Lk. 12, 46.
hopian, Lk. 24, 21.
wilnian, Lk. 23, 8.
———, Lk. 6, 34.
spernere: oferhogian, Lk. 10, 16; 23, 11.
forhogian, Lk. 7, 30. J. 12, 18.
spica: ēar, Mt. 12, 1. Mk. 2, 23; 4, 28. Lk. 6, 1.
spicatus: ———, Mk. 14, 3.
spiculator: cwellere, Mk. 6, 27.
spina: ðorn (12).
ðyrnen, J. 19, 2.
spinea: ðyrnen, Mk. 15, 17. J. 19, 5.
spiritus: gāst (100).
—, Lk. 9, 55.
spirare: oreðian, J. 3, 8.
splendere: glitinian. Mk. 9, 2.
splendide: rīclice, Lk. 16, 19.
splendor: beorhtness, Mk. 13, 24.
spolium: hererēaf, Lk. 11, 22.
spondere: behātan, Lk. 22, 6.
spongia: sponge (spinge, springe), Mt. 27, 48. Mk. 15, 36. J. 19, 29.
sponsa: brȳd, Mt. 25, 1. J. 3, 29.
sponsus: brȳdguma (17).

sporta: wiliga (wilia), Mt. 15, 37; 16, 10. Mk. 8, 8. 20.
spuma (*dissipat eum cum spuma* = fæmð, Lk. 9, 39).
spumare: fæman, Mk. 9, 19.
———, Mk. 9, 17.
spurcitia: fȳlð, Mt. 23, 27.
sputum: spātl, J. 9, 6.
stabularius: læce, Lk. 10, 35.
stabulum: læcehūs, Lk. 10, 34.
stadium: furlang, Lk. 24, 13. J. 6, 19; 11, 18.
stagnum: mere, Lk. 5, 1. 2; 8, 22. 33.
———, Lk. 8, 23.
stare: standan (71).
ætstandan, Mk. 10, 49. Lk. 7, 14; 8, 44.
wunian, Mk. 8, 39. J. 8, 44.
stater: wecg, Mt. 17, 26.
statim: sōna, (36).
ðā, Mt. 14, 27. Mk. 5, 30.
gȳt, Lk. 21, 9.
———, Mk. 1, 30; 2, 8; 3, 6.
statuere: gesettan, Mt. 18, 2; 25, 33. Mk. 9, 35. Lk. 4, 9; 8, 47.
äsettan, Mt. 4, 5.
settan, J. 8, 3.
statura: anlīcness, Mt. 6. 27. Lk. 12, 25.
wæstm, Lk. 19, 3.
stella: steorra (7).
stercus: meox, Lk. 13, 8.
sterilis: unberende, Lk. 1, 7. 36.
untȳmende, Lk. 23, 29.
sternere: gedæftan, Mk. 14, 15. Lk. 22, 12.
streccean, Mt. 21, 8. Mk. 11, 8.
strewian (strēowian), Mt. 21, 8. Mk. 11, 8.
sterquilinium: myxen, Lk. 14, 35.
stipendium: andlyfen, Lk. 3, 14.
stola: gegyrla, Mk. 12, 38; 16, 5. Lk. 15, 22; 20, 46.
stridere: gristbītian, Mk. 9, 17.
stridor: gristbītung (6).
gristlung, Lk. 13, 28.
structura: getimbrung, Mk. 13, 1.
stultitia: stuntscipe, Mk. 7, 22.
stultus: dyseg (dȳsig), Mt. 7, 26;

23, 17. Lk. 11, 40; 12, 20; 24, 25.
stupefacere: āfæran, Mk. 9, 14.
stupere: wundrian (6).
———, Mk. 10, 32.
stupor: wundrung, Mk. 5, 42.
stupor enim circumdederat eum = hē wundrode, Lk. 5, 9.
stupor apprehendit = wundredon, Lk. 5, 26.
suadere: læran, Mt. 28, 14.
suavis: wynsum, Mt. 11, 30.
subditus: underðēod, Lk. 2, 51.
subducere: tēon, Lk. 5, 11.
subire: āstīgan, J. 6, 3.
subito: færinga, Lk. 2, 13.
færlice, Lk. 9, 39.
subjicere: underðēodan, Lk. 10, 17. 20.
subjugalis: tam, Mt. 21, 5.
sublevare: ūpāhebban (ūppāhebban), J. 6, 5; 17, 1.
sublimis: ūpāhafen, Lk. 12, 29.
submittere: ināsendan, Mk. 2, 4.
subsequi: fyligean, Lk. 23, 55.
substantia: æht, Lk. 15, 12. 13.
spēd, Lk. 15, 30.
ðæt hēo āhte, Lk. 8, 43.
substernere: streccean, Lk. 19, 36.
subtus: under, Lk. 8, 16.
subvertere: tōweorpan, J. 2, 15.
forhwyrfan, Lk. 23, 2.
succendere: forbærnan, Mt. 22, 7.
succidere: ceorfan, Lk. 13, 9.
forceorfan, Lk. 13, 7.
succingere: begyrdan, J. 21, 7.
succlamare: hrȳman, Lk. 23, 21.
sudarium: swātlīn, Lk. 19, 20. J. 11, 44; 20, 7.
sudor: swāt, Lk. 22, 44.
sufficere: habban genōh, Mt. 6, 34. J. 14, 8.
bēon genōh, Mt. 10, 25. Mk. 14, 41.
non sufficere = nabban genōh, Mt. 25, 9. J. 6, 7.
suffocare: forðrysmian (6).
ādrincan, Mk. 5, 13. Lk. 8, 33.
ofðrysmian, Mk. 4, 19.
suggerere: læran, J. 14, 26.

suggillare: behrōpan, Lk. 18, 5.
sugere: sūcan, Lk. 11, 27.
sulphur: swefl, Lk. 17, 29.
sumere: niman (12).
summittere: āsendan, Lk. 5, 19.
summum: hēahnyss (hēahness), Mt. 24, 31. Mk. 13, 27.
 ufeweard (ufewerd), Mt. 27, 51. Mk. 15, 38.
 brerd, J. 2, 7.
summus (*summus sacerdos* = hēahsācerd, (13).
 —————, Mk. 14, 47.)
sumptus: andfeng, Lk. 14, 28.
superare: belīfan, Mk. 8, 8.
 tō lāfe wesan, J. 6, 12.
superbia: ofermōdigness, Mk. 7, 22.
superbus: ofermōd, Lk. 1, 51.
supercilium: cnæpp, Lk. 4, 29.
supereffluere: oferflōwan, Lk. 6, 38.
supererogare (*supererogaveris* = māre tō gedēst, Lk. 10, 35).
supcresse: tō lāfe wesan, Mt. 15, 37. Lk. 11, 41.
 belīfan, Lk. 9, 17.
 læfan, J. 6, 13.
superius: nfor, Lk. 14, 10.
superlucrari: gestrȳnan, Mt. 25, 20.
supernus: ufane, J. 8, 23.
superponere: onuppan gelecgan, J. 11, 38.
superscriptio: ofergewrit, Mt. 22, 20. Lk. 23, 38.
superseminare: ofersāwan, Mt. 13, 25.
supersubstantialis: gedæghwāmlic, Mt. 6, 11.
supervenire: becuman, Lk. 2, 38; 21, 34. 35.
 cuman, J. 6, 23.
 ofercuman, Lk. 11, 22.
 ofersceadian, Lk. 1, 35.
 tōbecuman, Lk. 21, 26.

supplementum: scyp, Mk. 2, 21.
supplicium: sūsl, Mt. 25, 46.
supra: ofer (16).
 uppan, Mt. 5, 14. Lk. 5, 19. J. 6, 19.
 onufan, Lk. 11, 44; 19, 35.
surdus: dēaf, Mt. 11, 5. Mk. 7, 32. 37; 9, 24. Lk. 7, 22.
surgere: ārīsan (ārȳsan) (72).
 cuman, Mt. 24, 11. 24. J. 7, 52; 11, 29.
 ————, Mk. 7, 24. Lk. 5, 28.
sursum: ūpp, J. 11, 41.
sursum respicere = ūpbesēon, Lk. 13, 11.
suscipere: onfōn (9).
 āfōn, Lk. 1, 54.
 niman, J. 19, 16.
 underfōn, Mt. 27, 27.
 ūpbesēon, Lk. 10, 30.
suscitare: āweccan (āweccean) (8).
 āwrēgan, J. 12, 1.
 strȳnan, Mt. 22, 24.
 ————, Lk. 8, 24.
suspendere: ābysgian, Lk. 19, 48.
 āhōn, Mt. 27, 5.
 gecnyttan, Mt. 18, 6.
suspicere: behealdan, Mk. 7, 34.
 ————, Lk. 19, 5.
sustinere: gebīdan, Mt. 26, 38. Mk. 14, 34.
 geanbīdian, Mk. 8, 2.
 ðurhwunian, Mk. 13, 13.
 bēon gehȳrsum, Mt. 6, 24.
sycomorus (*sycomorum* = sycomorum, Lk. 19, 4).
sylvestris (*mel sylvestre* = wuduhunig, Mt. 3, 4. Mk. 1, 6).
symphonia: swēg, Lk. 15, 25.
synogoga: gesomnung (gesamnung, gesamnuncg) (36).
 gefērrǣden, J. 9, 22.
 samnung, Lk. 7, 5.

T.

tabernaculum: eardungstōw, Mt. 17, 4. Mk. 9, 5. Lk. 9, 33; 16, 9.
tacere: suwian (13).

tædere: sārgian, Mk. 14, 33.
talentum: pund (11).
 ————, Mt. 18, 20.

talis — terra 63

talis: swylc (9).
ðilic (ðilc), Mt. 18, 5. Lk 9, 9.
talitha: thalim-tha, Mk. 5, 41.
tamen: ðeah, Lk. 18, 5. J. 4, 27; 20, 5.
———, Lk. 10, 11.
tangere: æthrīnan (30).
āhrīnan, Lk. 11, 46.
hrepian, Mt. 8, 3.
onhrīnan, Mk. 7, 33.
tamquam: swā, Mk. 1, 10; 12, 31. 33.
swā swā, Mk. 14, 18. Lk. 6, 22; 21, 35.
eallswā, Mt. 26. 55.
———, Lk. 18, 9.
tanto: swā, Mk. 7, 36.
tantum: ān (9).
synderlice (syndorlice), J. 11, 52; 12, 9.
witodlice, Lk. 8, 50.
sylf, Mk. 9, 7.
tantummodo: ān, Mk. 5, 36.
tantus: mycel, Mt. 8, 10; 15, 33. Lk. 7, 9.
swā fæla, J. 21, 11.
swā lang, J. 14, 9.
swā maneg, J. 6, 9.
———, Mk. 10, 30.
tardare: wesan læt, Lk. 1, 21.
tardus: læt, Lk. 24, 25.
taurus: fearr, Mt. 22, 4.
tectum: hrōf, Mt. 10, 27. Mk. 2, 4. Lk. 5, 19; 12, 3.
ðecen, Mt. 8, 8. Mk. 13, 15. Lk. 7, 6; 17, 31.
hūs, Mt. 24, 17.
tecum: mid ðē, Mt. 26, 35. Lk. 1, 28; 22, 33. J. 3, 26; 21, 3.
wið ðē, Mt. 5, 40. J. 4, 26.
tō ðē, Mt. 18, 16.
tegula: watel, Lk. 5, 19.
telonium: cēpsetl, Mk. 2, 14.
cēapsceamul, Lk. 5, 27.
tollsceamul, Mt. 9, 9.
tempestas: hrēohness, Lk. 8, 24.
hrēoh weder, Mt. 16, 3.
templum: tempel (61).
———, Mt. 21, 14. J. 8, 20.
temporalis: hwīlwendlic, Mt. 13, 21.

unstaðolfæst, Mk. 4, 17.
temptare: fandian (10).
costian, Mt. 4, 1. 7; 16, 1. Lk. 4, 2. 12.
gecostian, Mk. 1, 13.
temptatio: costung (8).
geswinc, Lk. 22, 28.
temptator: costniend, Mt. 4, 3.
tempus: tīd (32).
tīma, Mt. 26, 18. Mk. 11, 13. Lk. 1, 20; 8, 13; 12, 42. J. 5, 4.
sum hwīl, Lk. 4, 13. J. 7, 33.
hwænne, Mt. 2, 7.
hwīl, Lk. 8, 13.
fyrst, Mt. 25, 19.
momentum temporis = byrhtmhwīl, Lk. 4, 5.
tempus messis = riptīma, Mt. 13, 30.
———, Mt. 11, 25; 12, 1.
tenebræ: ðȳstru (22).
cum adhuc tenebræ essent = ær hit lēoht wǣre, J. 20, 1.
tenebrosus: ðȳstre, Lk. 11, 34.
ðȳsterfull, Mt. 6, 23.
tener: hnesce, Mt. 24, 32.
———, Mk. 13, 28.
tenere: niman (nyman) (18).
geniman, Mt. 26, 50. 57; 28, 9.
healdan, Mk. 7, 3. 8. Lk. 22, 63.
besyrwan, Mt. 26, 4.
forhabban, Lk. 24, 16.
gefōn, Mk. 12, 12.
gehabban, Lk. 8, 37.
geswencan, Lk. 4, 38.
———, Mt. 21, 46.
ter: ðriwa (6).
———, Lk. 22, 34.
tergere: drīgan, Lk. 7, 38. 44.
terminus: gemǣre, Mt. 24, 31.
terra: eorðe, (72).
land, Mt. 9, 26. 31; 10, 15. 29. 34; 11, 24; 12, 42; 13, 23; 14, 34. Mk. 4, 1. 8. 20. 26; 6, 47. Lk. 5, 3. 11; 8, 27; 13, 7. J. 3, 22; 6, 21; 21, 8. 9. 11.
terra Juda = Judealand, Mt. 2, 6.
terra Israël = Israhelaland, Mt. 2, 20. 21.

————, Mt. 4, 15; 17, 24. Mk. 6, 53.
terræ motus: corðan styrnng, Mt. 24, 7. Mk. 13, 8. Lk. 21, 11. corðbifung, Mt. 27, 54; 28, 2.
terrenus: eorðlic, J. 3, 12.
terrere: brēgan, Lk. 12, 4; 21, 9; 24, 22.
terror: egsa, Lk. 21, 11.
tertio: ðridda (ðrydda), Mt. 26, 44; Mk. 14, 45. Lk. 23, 22. J. 21, 17. ðriwa, J. 21, 14.
tertius: ðridda (ðrydda, ðrida) (17). hora tertia = underntīd, Mt. 20, 3. Mk. 15, 25.
testamentum: cyðness (cyðnyss), Mk. 14, 24. Lk. 1, 72; 22, 20. æ, Mt. 26, 28.
testari: cyðan, Lk. 16, 28. J. 3, 11. 32.
testificari: cyðan, Lk. 11, 48. onsecgean, Mt. 26, 62.
testimonium: gewitness (gewittnyss, gewitnes) (47). gecyðness, Mt. 8, 4. Mk. 14, 56. 57. 59. cyðness, J. 3, 11. 32. 33; 5. 32. sagu, Mt. 26, 59; 27, 13. dōm, Mk. 10, 18. gewrit, J. 21, 24. talu, Mk. 14, 55. witness, Lk. 9, 5.
testimonium dare = wesan gecnǣwe, Lk. 4, 22.
————, Lk. 18, 20. J. 4, 39; 18, 37.
testis: cyðcre, Mk. 14, 63. gewita, Lk. 24, 48. gewittness, Mt. 18, 16. sagu, Mt. 26, 65. onsagu, Mt. 26, 60.
falsus testis = lēogere, Mt. 26, 60.
tetrarcha: fēorðan dǣles rīca, Mt. 14, 1. Lk. 3, 1. 19; 9, 7.
thesaurizare: goldhordian, Mt. 6, 19. 20. strȳnan, Lk. 12, 21.
thesaurus: goldhord (14). gold, Mt. 6, 21.

thronus: ðrymsetl, Mt. 5, 34; 23, 22. Lk. 22, 30.
thus: rēcels, Mt. 2, 11.
tibia: hearpe, Lk. 7, 32.
tibicen: hwistlere, Mt. 9, 23.
timere: ondrǣdan (41). ādrǣdan, Mk. 10, 32; 11, 18; 18, 8. Lk. 2, 9. 10; 8, 25. 35; 12, 5. 7; 19, 21; 20, 19; 22, 2; 23, 40; 24, 36. ofdrǣdan, Mt. 25, 25. forhtian, Mk. 4, 40. ne durran, Lk. 9, 45.
timidus: forht, Mt. 8, 26; Mk. 4, 40.
timor: ege (12).
————, Mt. 28, 4.
timoratus: ————, Lk. 2, 25.
tinea: moððe, Mt. 6, 19. 20. Lk. 12, 33.
titulus: ofergewrit, Mk. 15, 26. J. 19, 19. gewrit, J. 19, 20.
tolerabilis: ācumendlic, Mt. 10, 15.
tollere: niman (nyman) (38). beran, Mt. 4, 6; 27, 32. Mk. 15, 21. J. 5, 10. dōn āweg, J. 1, 29; 11, 39; 15, 2. ānyman, Mt. 25, 28. J. 20, 1. āfyrran, Mk. 11, 23; 16, 18. ætbregdan, Lk. 8, 12. āhebban, Mt. 21, 21. feccan, Mt. 24, 17. gǣlan, J. 10, 14. lǣtan, J. 19, 31. tōbrecan, Mt. 9, 16. ūpāhebban, Lk. 12, 29.
————, Mk. 2, 12.
tonitruum: ðunor, Mk. 3, 17.
tonitruum esse factum = hyt ðunrode, J. 12, 29.
torcular: wīnwringa, Mt. 21, 33.
tormentum: tintreg, Mk. 4, 24. Lk. 16, 23. 28.
torquere: ðrēagan, Mt. 8, 29. Mk. 5, 7. Lk. 8, 28. geðrēagan, Mt. 8, 6.
torrens: burna, J. 18, 1.
tortor: wītnere, Mt. 18, 34.
tot: swā fela, Lk. 15, 29.
totus: eall (eal) (37).

totus — turba 65

———, J. 7, 23.
trabs: bēam (6).
tractare: smēagean, Mk. 9, 32.
tradere; syllan (sellan) (36).
 gesellan, Mt. 11, 27; 20, 18; 26, 2.
 45. Mk. 1, 14; 9, 30; 10, 33;
 13, 11; 14, 18. Lk. 4, 6. 17; 9,
 44; 10, 22; 18, 32; 20, 20. 34;
 21, 16; 22, 4. 6. 22; 24, 7.
 J. 19, 11.
 belǣwan, Mt. 10, 4. 19; 24, 10;
 26, 16. 21. 23. 24. 25. 46. 48; 27,
 1. 3. J. 6, 71; 12, 4; 13, 2. 11.
 21; 18, 2. 5; 21, 20.
 betǣcan, Mt. 25, 14. Lk. 1, 2.
 gesettan, Mk. 7, 4. 13.
 āgiefan, J. 19, 30.
 manus tradentis = ðæs lǣwan
 hand, Lk. 22, 21.
———, Mt. 20, 19.
traditio: lagu (6).
traditor: lǣwa, Mk. 14, 44.
traducere: gewīdmǣrsian, Mt. 1, 19.
trahere: tēon, J. 6, 44; 12, 32; 21, 8. 11.
 ātēon, J. 21, 6.
 lǣdan, Lk. 21, 12.
 syllan, Lk. 12, 58.
tranquillitas: smyltness (-nes), Mt. 8, 26. Mk. 4, 39. Lk. 8, 24.
transcendere: fēran, Mk. 5, 21.
transferre: āfyrran, Mk. 14, 36. Lk. 22, 42.
 beran, Mk. 11, 16.
transfigere: onfæstnian, J. 19, 37.
transfigurare: gehīwian, Mt. 17, 2.
 oferhīwian, Mk. 9, 1.
transfretare: oferseglian, Mt. 9, 1; 14, 34. Mk. 6, 53.
 seglian, Lk. 8, 22.
transgredi: forgýman, Mt. 15, 2. 3.
transire: faran (14).
 fēran, Mt. 8, 34; 9, 9; 13, 53; 15, 29; 17, 19; 20, 30. Mk. 11, 20. Lk. 4, 30; 6, 1; 17, 11; 18, 37.
 gewītan, Mt. 5, 18; 24, 35; 26, 39. 42. Mk. 13, 30. 31; 14, 35. Lk. 21, 33. J. 13, 1.

 gān, Mt. 19, 24. Lk. 12, 37; 17, 7; 18, 25.
 āgān, Mk. 16, 1.
transmeare: faran, Lk. 16, 26.
transmigratio: gelēorednyss, Mt. 1, 11. 12. 17.
transplantare: āplantian, Lk. 17, 6.
trecenti: ðrīe hund, Mk. 14, 5.
 ðrīe hundred, J. 12, 5.
tremere: forhtian, Mk. 5, 33.
tremor (*invaserat tremor et pavor* = wǣron āfǣrede, Mk. 16, 8).
tres: ðrȳ (ðrīe) (24).
tribuere: syllan, Lk. 6, 30.
tribulatio: gedrēfedness (gedrēfydness), Mt. 13, 21; 24, 9. 29. Mk. 13, 19.
 geswencedness, Mk. 13, 24.
 gedeorf, Mt. 24, 21.
 dēofles costnung, Mk. 4, 17.
tribulus: ðyrncinn, Mt. 7, 16.
tribunal: dōmsetl, Mt. 27, 19. J. 19, 13.
tribunus: ealdor, J. 18, 12.
———, Mk. 6, 21.
tribus: mǣgð, Mt. 19, 28; 24, 30. Lk. 2, 36; 22, 30.
tributum: gafol, Mt. 17, 24. Mk. 12, 14. Lk. 20, 22; 23, 2.
triduum: ðrȳ dagas (6).
trigesimus: ðrittigfeald, Mt. 13, 8. 23.
triginta: ðrittig (6).
 ðrītigfeald Mk. 4, 8. 20.
tristis: unrōt, Mt. 19, 22; 26, 38. Mk. 14, 34. Lk. 18, 24; 24, 17.
 rutilat enim triste cœlum = lyft scīnð unwederlice, Mt. 16, 3.
———, Mt. 6, 16.
tristitia: unrōtnyss (unrōtness), Lk. 22, 45. J. 16, 6. 20. 21. 22.
triticum: hwǣte (8).
tuba: býme, Mt. 6, 2; 24, 31.
tumultuari: hlýdan, Mt. 9, 23.
tumultus: gehlýd, Mt. 27, 24. Mk. 5, 38; 14, 2.
 styrung, Mt. 26, 5.
tunica: tunece (11).
turba: menigu (menigeo, mǣnigu, menego, mǣnio) (111).

5

folc, Mt. 7, 28; 14, 19; 21, 8. 9. 26.
46; 22, 33; 23, 1; 26, 47. 55.
Mk. 12, 41; 7, 24; 9, 18; 12, 54;
23, 18. J. 7, 12.
wered, Mt. 13, 34. Lk. 9, 13; 12,
1; 22, 47; 23, 4; 27, 48.
—— ——, Mk. 8, 6. Lk. 11, 27; 19, 39.
turbare: gedrēfan (13).
āstyrian, J. 5, 7.
turris: stȳpel, Mt. 21, 33. Mk. 12, 1.
Lk. 13, 4; 14, 28.
turtur: turtle, Lk. 2, 24.

U.

uber (sub.): brēost, Lk. 11, 27; 23, 29.
uber (adj.): gōd, Lk. 12, 16.
ubicumque: swā hwǣr swā, Mt. 24, 28; 26, 13. Mk. 9, 17; 14, 9. Lk. 17, 37.
ubique: ǣghwār, Mk. 16, 20. Lk. 9, 6.
ulcus: wund, Lk. 16, 21.
ulceribus plenus = swȳðe forwundod Lk. 16, 20.
ullus: ǣnig, Mk. 6, 5. Lk. 8, 43.
ān, Mt. 27, 14. J. 19, 11.
ulna: hand, Lk. 2, 28.
ultio: wracu, Lk. 21, 22.
ultra (prep.): of, Mk. 10, 1.
ultra (adv.): ofer, Mk. 7, 12. Lk. 20, 36.
leng, Mk. 5, 35.
syððan, Mt. 5, 13.
ultro: sylfwilles, Mk. 4, 28.
ululatus: ðotorung, Mt. 2, 18.
umbra: sceadu, Mk. 4, 32. Lk. 1, 79.
ðȳstru, Mt. 4, 16.
undecim: endlufun, Mt. 28, 16. Lk. 24, 9. 33.
twelf, Mk. 16, 14.
undecimus: endlyfta, Mt. 20, 6. 9.
undique: ǣghwanon (ǣghwanun), Mk. 1, 45. Lk. 19, 43.
ungere: smyrian (11).
unguentum: sealf (11).
alabastrum unguenti = sealfbox, Mk. 14, 3. Lk. 7, 37.
unicus: ān, Lk. 8, 42.
ānlic, Lk. 9, 38.
filius unicus matris suæ = ānre

wudewan sunu ðe nānne ōðerne nǣfde, Lk. 7, 12.
unigenitus: ācenned, J. 1, 18; 3, 18.
āncenned, J. 1, 14; 3, 16.
universus: eall (31).
unquam: ǣfre, J. 1, 18; 5, 37; 6, 35; 8, 33.
gȳt, Lk. 19, 30.
unus: ān (160).
sum, Mk. 4, 20. Lk. 9, 19.
ōðer, J. 1, 40.
tōgædere, J. 11, 52.
——————, Mt. 22, 34. Mk. 8, 28. Lk. 9, 8.
unusquisque: ǣlc, Lk. 6, 44; 13, 15. J. 6, 7; 19, 23.
ǣghwilc, Mt. 16, 27; 25, 15. J. 16, 32.
eall, J. 7, 53.
——————, Mt. 18, 35.
urceus: cēac, Mk. 7, 4. 8.
usura: gafol, Mt. 25, 27.
gestrēon, Lk. 19, 23.
uter: bytt (12).
uterque: ǣgðer, Mt. 13, 30.
bēgen, Lk. 7, 42.
——————, Lk. 5, 38.
uterus: innoð (8).
utilis: nyt (nytt), Lk. 14, 35; 17, 2.
utique: witodlice (14).
——————, Mt. 25, 27.
utrum: hwæðer, J. 7, 17.
uva: wīnberie, Mt. 7, 16. Lk. 6, 44.
uxor: wīf (40).
lāf, Mk. 6, 17.
uxores ducere = wīfian, Lk. 17, 27.
——————, Mk. 12, 23. Lk. 2, 5. 20. 33.

V.

vacans: æmtig, Mt. 12, 44.
vacuus: īdelhende, Mk. 12, 3.
vadere: gān (59).
 faran, Mt. 2, 20; 26, 24. 36. J. 8,
 21; 11, 8; 13, 33. 36; 14, 2. 4.
 5. 12. 28; 16, 5. 7. 10. 16. 17. 28.
 cuman, J. 13, 3.
 ―――――, Mk. 10, 21.
væ: wā (30).
 ―――――, Mt. 23, 14.
vagina: scæað, J. 18, 11.
vah: wā. Mt. 27, 40.
 wālā, Mk. 15, 29.
valde: swȳðe (swīðe) (11).
 ðearle, Mt. 27, 54.
 ―――――, Mt. 19, 25. Lk. 23, 8.
valens: hāl, Mt. 9, 12.
valere: magan, Mt. 5, 13. Lk. 16, 3.
 J. 21, 6.
validus: mycel, Lk. 15, 14.
 strang, Mt. 14, 30.
vallis: denu, Lk. 3, 5.
vallum: ―――――, Lk. 19, 43.
vanus: īdel, Mk. 7, 7.
vapulare: wītnian, Lk. 12, 47. 48.
 swingan, Mk. 13, 9.
varius: missenlic, Mt. 4, 24. Mk.
 1, 34.
 mislic, Lk. 4, 40.
vas: fæt (8).
vehementer: ðearle, Mt. 17, 22. Mk.
 5, 43.
 swīðlice, Mt. 27, 14.
 swȳðe, Mk. 3, 12.
velare: oferwrēon, Mk. 14, 65. Lk.
 22, 64.
 bewrēon, Lk. 9, 45.
velle: wyllan (willan) (99).
 ―――――, Mt. 3, 9; 5, 42; 18, 23.
 Mk. 15, 12. J. 15, 7.
vellere: pluccian, Mt. 12, 1. Mk. 2,
 23. Lk. 6, 1.
velum: wāhryft (wāhrift), Mt. 27,
 51. Mk. 15, 38. Lk. 23, 45.
velut: swylce, Mt. 28, 4. Mk. 8, 24.
 Lk. 18, 11.
 swā, Mk. 9, 2; 10, 15.
vendere: syllan (sellan) (10).

cȳpan (cēapian), Mt. 21, 12; 25,
 9. Mk. 11, 15. J. 2, 16.
 becȳpan, Mt. 19, 21.
 gesyllan, Mk. 10, 21.
venire: becȳpan, Mt. 10, 29. Lk.
 12, 6.
 sellan, J. 12, 5.
venire: cuman (460).
 gān, Mt. 21, 19. 38. J. 11, 34. 43;
 12, 22. 21, 3. 12.
 faran, J. 11, 17; 13, 33.
 becuman, Mt. 26, 50.
 genēahlǣcan, Mt. 8, 2.
 niðerstīgan, Mt. 3, 16.
 post venire = fyligean, Mt. 16, 24.
 messis venit = man rīpan mæg,
 J. 4, 35.
venturus = tōweard (tōwerd) (9).
 ―――――, Mk. 12, 7. Lk. 8, 17;
 9, 56; 12, 38. 49; 22, 52. J. 4,
 15; 10, 12; 21, 8.
venter: innoð (7).
 wamb, Mt. 15, 17. Lk. 15, 16.
ventilabrum: fann, Mt. 3, 12. Lk.
 3, 17.
ventus: wind (18).
 middaneardes ende, Mt. 24, 31.
 ―――――, Mk. 4, 40.
venumdare: gesellan (gesyllan),
 Mt. 18, 25; 26, 9. Mk. 14, 5.
verax: sōðfæst, Mt. 22, 16. Mk. 13,
 14. J. 7, 18; 8, 26.
 sōðfæstnys, J. 3, 33.
verbum: word (wurd) (103).
 bebod, Mk. 7, 13.
 sprǣc, Mk. 11, 29.
 ―――――, Mt. 15, 23. Mk. 2, 2; 4,
 33; 8, 32.
vere: sōðlice (16).
 sōð, Lk. 21, 3. J. 4, 18; 7, 40.
vereri: forwandian, Mt. 21, 37. Lk.
 20, 13.
veritas: sōðfæstnyss (sōðfæstness,
 sōðfæstnys) (27).
 sōð, Mk. 12, 32. J. 8, 46.
 riht, Mk. 5, 33.
 in veritate = sōðlice, Lk. 4, 25.
vermis: wyrm, Mk. 9, 43. 45. 47.

versutia: lotwrenccēast, Mk. 12, 15.
vertere: gewendau, Mk. 3, 21. J. 16, 20.
verumtamen: ðēahhwæðere (15). ðēah, Mt. 11, 22. J. 12, 42. sōð, Mt. 26, 64.
verus: sōð (17).
―――――, Lk. 16, 11.
vespera: æfen, Mk. 11, 11. 19.
vespere: æfen (8).
vestimentum: rēaf (rēf) (44). gegyrela, Mt. 9, 16.
vestire: gescrȳdan (7). scrȳdan, Mt. 6, 30. Lk. 12, 28.
vestis: rēaf (8).
vestitus: rēaf, Lk. 9, 29.
vetare: forbēodan, Lk. 18, 16.
veterascere: forealdigean, Lk. 12, 33.
vetus: eald (11).
vexare: gedreccan (7). dreccan, Mk. 5, 35. Lk. 8, 49.
via: weg (59).
vicina: nēhhebȳren, Lk. 15, 9.
vicinus: (nēhhebūr, nēahgebūr), Lk. 1, 58, 65; 14, 12; 15, 6. J. 9, 8.
vicis: gewrixl, Lk. 1, 8. tūn (l), Lk. 1, 5.
victima: offrung, Mk. 9, 48.
victoria: sige, Mt. 12, 20.
victus: andlyfen, Mk. 12, 44. Lk. 21, 4.
vicus: tūn, Mk. 1, 38; 6, 36. Lk. 14, 21. wīc, Mt. 6, 2. Mk. 6, 56. Lk. 14, 21.
videre: gesēon (347). waruian, Mt. 8, 4; 9, 30; 18, 10; 24, 4. 6. Mk. 1, 44; 4, 24; 13, 5. 9. 23. 33; 8, 18. Lk. 11, 35; 21, 8.
lōcian, Mk. 6, 38; 8, 15.
sēon, Lk. 7, 25; 12, 54.
behāwian, Mt. 7, 5.
behealdan, Lk. 21, 29.
bescēawian, Mk. 12, 14.
cweðan, Mk. 2, 16.
gecnāwan, Mk. 14, 69.
gīeman, Lk. 12, 15.
sprecan, Mt. 27, 4.
ðincan, J. 4, 19.

―――――, Mt. 2, 16; 18, 10; 21, 20. Mk. 8, 33; 10, 42. Lk. 2, 48; 22, 24.
videri: ðincan (ðyncan), Mt. 17, 24; 21, 28; 22, 17. 42; 25, 29. Mk. 14, 64. Lk. 1, 3; 10, 36. geðincan, Mt. 18, 12; 26, 66. Lk. 24, 11.
gesēon, Mt. 23, 5. Lk. 9, 31; 10, 31; 23, 8.
habban gesewen, J. 20, 20.
wesan gesewen, Mt. 6, 18.
gehered wesan, Mt. 6, 1.
―――――, Lk. 22, 24.
vidua: wuduwe (wydywe) (12).
―――――, Mt. 23, 14.
vigilia: wæcce, Mk. 6, 48. Lk. 12, 38.
hancred, Mt. 14, 25.
vigilia noctis = nihtwæcce, Lk. 2, 8.
vigilare: wacian (wæcian, wacigean) (17).
viginti: twentig, Lk. 14, 31. J. 6, 19.
villa: tūn (11).
villicare: tūnscīre bewitan, Lk. 16, 2.
villicatio: gerēfscīr, Lk. 16, 3. scīr, Lk. 16, 2. tūnscīr, Lk. 16, 4.
villicus: gerēfa, Lk. 16, 1. 3. tūngerēfa, Lk. 16, 8.
vincere: forswīðan, J. 16, 33. oferwinnan, Lk. 11, 22.
vincire: gebindan (7). gehæftan, Mt. 27, 16.
vinctus = forwyrhte mann, Mt. 27, 15.
vinculum: bend, Mt. 11, 2. Mk. 7, 35. Lk. 8, 29; 13, 16.
vindemiare: niman, Lk. 6, 44.
vindicare: wrecan, Lk. 18, 3. 5.
vindicta: wracu, Lk. 18, 7.
vinea: wīngeard (wīngerd) (22).
―――――, Lk. 13, 7.
vinum: wīn (21).
potator vini = wīndrincende, Mt. 11, 19.
violare: gewemman, Mt. 12, 5.
violentus: strec, Mt. 11, 12.

vipera — zona 69

vipera: næddre, Mt. 3, 7; 12, 34; 23, 33. Lk. 3, 7.
vir: wer (19).
mann (manna), Mt. 7, 26. Mk. 6, 44; 10, 2. Lk. 5, 18; 8, 27. 38. 41; 11, 31. 32; 14, 24; 16, 18; 19, 2; 23, 50. J. 6, 10.
ceorl, J. 4, 16. 17. 18.
folc, Mt. 14, 35.
———, Mk. 6, 20. Lk. 5, 12; 7, 20; 22, 63.
virga: gyrd, Mt. 10, 10. Lk. 9, 3. Mk. 6, 8.
virginitas: fæmnhād, Lk. 2, 36.
virgo: fæmne (6).
viridis: grēne, Mk. 6, 39. Lk. 23, 31.
virtus: mægen (megen) (26).
miht (myht), Mk. 6, 2. Lk. 1, 17. 35; 9, 1; 19, 37; 21, 26.
mægenðrymm, Mt. 26, 64.
menegu, Lk. 10, 13.
wundor, Mt. 14, 2.
———, Lk. 24, 49.
vis: mægen, Lk. 10, 27.
nēad, Mt. 11, 12.
strangnyss, Lk. 16, 16.
viscus: innoð, Lk. 1, 78.
visio: gesihð (gesihtð), Lk. 1, 22; 24, 23.
———, Mt. 17, 9.
visitare: genēosian, Lk. 1, 68. 78; 7, 16.
ætcuman, Mt. 25, 36.
tōgān, Mt. 25, 36.
visitatio: genēosung, Lk. 19, 44.
visus: gesihð (gesyhð), Mt. 27, 19. Lk. 4, 19; 7, 21.
vita: līf (53).
vitis: wīneard (wīngeard), Mk. 14, 25. Lk. 22, 18. J. 15, 1. 4. 5.
wīn, Mt. 26, 29.
vitulus: celf, Lk. 15, 27. 30.
styric, Lk. 15, 23.
vituperare (*vituperaverunt* = hī tældon hī and cwædon, Mk. 7, 2).

vivere: leofian (lybban, lyfian) (22).
gelyfian, Mk. 16, 11.
wesan on līfe, Mt. 27, 63.
vivificare: gelīffæstan, Lk. 17, 33. J. 5, 21; 6, 64.
vivus: lybbende (lyfigende, lyfiende) (6).
līf, J. 4, 10. 11.
———, J. 6, 41; 11, 27.
vix: ———, Lk. 9, 39.
vobiscum: mid ēow (14).
vocare: clypian (39).
genemnan, Mt. 1, 16; 2, 32; 4, 18; 5, 9. 19. Mk. 11, 17. Lk. 1, 31. 32. 35. 36. 60. 61. 62. 76; 2, 4. 21. 23; 6, 15; 7, 11. 15. 21; 19, 29; 22, 25. 47; 23, 33. J. 1, 42.
nemnan, Mt. 1, 21. 23. 25; 23, 7. 8. 9. 10. Lk. 1, 13. 59; 6, 13; 15, 19. J. 10, 3.
gelaðian, Mt. 22, 14. Lk. 14, 16. J. 2, 2.
ingelaðian, Lk. 7, 39; 14, 9. 10.
gecīgean, Mt. 9, 13.
gecweðan (!), Lk. 21, 37.
gehātan, Mt. 27, 8.
inlaðian, Lk. 14, 12.
tōgeclypian, Mk. 6, 7.
———, Mt. 21, 13. Lk. 8, 2.
volatilis: fugel, Mt. 6, 26.
volucris: fugel (fugol, fugul) (7).
voluntas: willa (22).
———, J. 5, 30.
voluptas: lust, Lk. 8, 14.
volutare: tearflian, Mk. 9, 19.
vorax: ettul, Mt. 11, 19.
vox: stefn (stefen, stemn) (44).
vocem dare = crāwan, Mk. 14, 30.
———, Lk. 11, 27.
vulnerare: gewundian, Mk. 12, 4. Lk. 20, 12.
vulnus: wund, Lk. 10, 34.
vulpes: fox, Mt. 8, 20. Lk. 9, 58; 13, 32.
vultus: andwlita, Lk. 24, 5.
ansȳn, Lk. 24, 5.
vulva: gecyndlim, Lk. 2, 23.

Z.

zelus: anda, J. 2, 17.
zizania: coccel (8).

zona: gyrdel, Mt. 3, 4. Mk. 1, 6; 6, 8.
begyrdel, Mt. 10, 9.

OLD ENGLISH-LATIN INDEX.

A.

abba: *abba.*
āberan: *portare.*
  ðe man āberan ne mæg = *importabilia.*
ābīdan: *expectare.*
āblendan: *ex-, ob-cæcare.*
ābrēdan: *educere, eximere.*
ābūgan: *inclinare.*
ābūtan: *circa, circuitus.*
  ābūtan standan = *circumstare.*
ābysgian: *suspendere.*
ācennan: *nasci.*
ācenned = *unigenitus.*
  eft ācennan = *renasci.*
ācennednys: *nativitas.*
āceorfan: *amputare, obscindere.*
āclænsian: *mundare.*
ācōlian: *refrigerare.*
ācuman: *portare.*
ācumendlīc: *tolerabilis.*
ācwencan: *extinguere.*
ācyrran: *auferre.*
ādl: *languor.*
ādōn: *ejicere.*
ādrædan: *timere.*
ādrīfan: *e-, pro-jicere.*
  bēon ādrifen = *expelli.*
ādrincan: *suffocare.*
ādrūwian: *æstuare, arere, siccare.*
ādumbian: *obmutescere.*
ādwæscan: *extinguere.*
æ: *lex, testamentum.*
æage (ēage): *oculus.*
æcer (æcyr): *ager, sata.*
æfen (æuen): *sero, vespera, vespere.*
æfenlæcan: *advesperascere.*

æfre: *æternus, unquam.*
  ne æfre (næfre) = *numquam.*
  ðē læs æfre = *nequando.*
æftemest: *novissimus.*
æfter (æftyr): *deinde, juxta, secundum.*
  æfter fyligende = *sequentes.*
  æfter ðām (ðan) = *postea, postquam.*
  æfter ðyson (ðysom) = *amodo, postea.*
  ðār æfter fēran = *sequi.*
æftera (æftra) = *novissimus, primus, secundus.*
æg: *ovum.*
æghwanon (-hwanun): *undique.*
æghwār: *ubique.*
æghwilc: *unusquisque.*
æglēaw: *legisperitus.*
ægðer: *uterque.*
æht: *bonum, hereditas, portio, possessio, substantia.*
ælan: *accendere.*
ælc: *singuli, unusquisque.*
  ælc tō ōðrum = *ad alterutrum.*
  ælc wæs on sestra gemete = *capientes singulæ metretas.*
  hyra ælc ōðerne = *invicem; ab, ad, in invicem.*
ælfremede: *alienigena.*
ælmesse: *eleemosyna.*
ælðēodilice: *peregre.*
æmtig: *vacans.*
ænig: *aliquis, quisquam, ullus.*
ænig man = *aliquis.*
ænig ðing = *aliquis.*

nolde ðæt ænig = *neminem voluit.*
ænlīpig: *solus.*
ær (adj. & adv.): *antea, jam, mane, primus, prius.*
ær morgen (mergen) = *mane.*
ærra = *prior.*
ærest (ærost, ærust, æryst) = *primo, primum, primus, prius.*
ær (prep. & conj.): *ante, antequam, donec, prior, priusquam.*
ær middaneard gesett wæs = *ante constitutionem mundi.*
ærdæd: *factum.*
ærend(d)raca (ærynd-): *apostolus, legatio, nuntius.*
ærðām (-ðan): *antequam, donec, prius, priusquam.*
ærist (ærest, æryst): *resurrectio.*
æswician: *scandilizare.*
æt: *contra.*
æt nē(a)hstan (nīhstan) = *novissime, novissimus.*
æt sīðemestan = *novissime.*
æt sumum cyrre = *aliquando.*
æt wesan = *adesse.*
ætan: *manducare.*
ætbregdan (-brēdan): (*au*)*ferre, tollere.*
ætcuman: *visitare.*
ætēow(i)an (-ȳwan): (*ap*)*parere, ostendere.*
ætgædere: *simul.*
brūcað metes ætgædere = *coutuntur.*
æthrīnan: *apprehendere, irruere, mittere manus, movere, tangere.*
ætīwedness: *ostensio.*
ætsacan: (*ab*)*negare, anathematizare, detestari.*
ætsittan: *circumsedere.*
ætspurnan: *offendere.*
ætstandan: (*a*)*stare.*
ætȳwan (-ēowan): *apparere.*
æðele: *nobilis.*
æðelboren: *nobilis.*
æx: *securis.*
āfæran: *consternare; con-,ex-terrere.*
wæron āfærede = *invaserat tremor et pavor.*

āfandi(ge)an: *probare.*
āfeallan: *cadere, procidere.*
āfēdan: *nutrire.*
āfeormian: (*per*)*mundare.*
āfindan: *deprehendere.*
āfōn: *ac-, con-cipere; assumere.*
āfyllan: *prosternere.*
āfyllan: *replere.*
āfyrhtan: *exterrere.*
āfyrran: *au-, trans-ferre; tollere.*
āgan: *habere, possidere.*
āgān: *percipere, progredi, transire.*
eall ðæt hē āh = *omnia bona sua.*
ðæt hēo āhte = *substantia.*
āhton = *persecuti sunt*(!).
āgen: *proprius.*
āgēn: *ad-versum, -versus; contra, denuo.*
āgēn cuman, gehwyrfan, hwyrfan = *redire.*
āgēn laðian = *reinvitare.*
āgēn sendan = *remittere.*
āgēn standan = *insistere.*
eft āgēn cuman = *revertere, reverti.*
wendan āgēn = *reverti.*
āgēotan: (*ef*)*fundere.*
āgiefan: *dare, dimittere, donare, red-, tra-dere.*
āginnan (-gynnan): *coepisse, incipere.*
āgyldan: *reddere.*
āgyltan: *debere.*
āgynnan (-ginnan): *coepisse, incipere.*
āhēawan: *excidere.*
āhebban: *fermentare, levare, tollere.*
āholian: *eruere.*
āhōn: *crucifigere, suspendere.*
āhrēosan: *irruere.*
āhrīnan: *tangere.*
āhsian (āxian): *interrogare.*
ābyldan: *in-, re-clinare.*
āhyrdan: *in-cressare, -durare.*
āhȳrian: *conducere.*
ālædan: *ducere,* (*re*)*ponere.*
ālecgan: *deponere, projicere, reclinare.*
on ālecgan = *imponere.*

alewe: *aloe.*
ālīefan (-lȳfan): *licere, permittere.*
ālīesan (-lȳsan): *liberare, redimere, salus.*
altar: *altare.*
ālūcan: *avellere, procumbere.*
ālȳsednes(s) (-nyss): *redemptio, remissio.*
amen: *amen.*
āmiddan: *medius.*
āmyrran: *consummare, devorare.*
ān: *aliquis, quinque, quisquam, singularis, solum, solus, tantum, tantummodo, ullus, unicus, unus.*
ān æfter ānum = *incipientes a senioribus.*
ān man, ðing = *aliquis.*
ānra gehwilc = *singuli.*
anbid: *expectatio.*
āncenned: *unigenitus.*
anda: *invidia, zelus.*
and(d)ettan: *confiteri.*
andfeng: *assumptio, sumptus.*
andfenge: *acceptus, aptus.*
andgyt: *intellectus, sensus.*
andlyfen: *stipendium, victus.*
andswarian (ant-): *respondere, respondens aio.*
andswaru: *responsum.*
andweard: *hodiernus.*
andwlita: *vultus.*
andwyrdan: *respondere.*
andwyrde: *responsum.*
ānfeald: *simplex.*
angel: *hamus.*
anginn (-gyn): *initium.*
angsum: *arctus.*
anlīc (bēon anlīc = *assimilare*).
ānlic: *unicus.*
anlīcness (-nys, -lȳcnis): *imago, statura.*
ānrǣdlice: *constanter.*
ansȳn: *aspectus, conspectus, facies, species, vultus.*
anweald (-wald): *imperium, potestas.*
ānyman: *tollere.*
āparian: *deprehendere.*
āplantian: *transplantare.*

apostol: *apostolus.*
ārǣdan: *prophetizare.*
ārǣran: *erigere, ex-, resus-citare.*
āreccan: *edisserere.*
ārfæt and mæstling: *œramentum.*
ārīsan (-rȳsan): *(con-), (ex-), (in-), (re-) surgere; residere.*
ārwurði(ge)an: *honorificare.*
āsāwan: *seminare.*
āsceacan: *excutere.*
āsceonung: *abonimatio.*
āscunian: *arguere.*
āscuniendlic: *abominatio.*
āsendan: (e-), (im-), (sum-) *mittere; facere.*
āsettan: (ap-), (im-) *ponere; mittere, statuere.*
āsīgan: *occidere.*
āslēan: *amputare, percutere.*
assa: *asellus, asinus.*
asse: *asina.*
āstandan: *instare.*
āstīgan: *a-, de-scendere; subire.*
āstreccan: *extendere, procidere.*
āstyrian (-stirian): *(com)movere, concitare, turbare.*
āsundron: *seorsum.*
āsyndrian: *segregare, separare.*
ātēon: *e-ducere, -jicere; trahere.*
ātȳnan: *aperire.*
āð: *juramentum, jusjurandum.*
āðeni(ge)an: *extendere, procidere.*
āðēostrian: *contenebrare.*
āðwēan: *baptizare, lavare.*
āðȳstrian: *obscurare.*
āwācian: *recedere.*
āwecc(e)an: *ex-, (re)sus-citare.*
āwecgan: *agitare.*
āwefan: *contexere.*
āweg (dōn āweg = *tollere*).
āwendan: *everrere, solvere.*
āweorpan: *deponere; e-, pro-, re-jicere; mittere, reprobare.*
āweorðan: *evanescere.*
ðū āwordena = *raca.*
āwindan: *plectere.*
āwreccan(!): *excitare.*
āwrēgan: *suscitare.*
āwrēon: *revelare.*
āwrigeness: *revelatio.*

āwrītan: *scribere.*
āwurtwalian (-wyrt-); *eradicare.*
āwyltan: *revolvere.*
āwyrgean: *maledicere.*
āwyrged = *malignus.*
āxian (āhsian): *interrogare, sciscitari.*
axse: *cinis.*
azyma: *azyma.*

B.

bærnan: *accendere, ardere.*
bān: *os.*
be: *secus.*
 be naman = *nominatim.*
bēacnian: *annuere.*
beæftan: *sine.*
bēam: *trabs.*
bēancodd: *siliqua.*
bearm: *sinus.*
bearn: *filiolus, filius, liberi, natus, semen.*
bēatan: *cædere, percutere.*
bebēodan: *com-mendare, -minari; constituere, imperare, mandare, mandatum dare, præcipere.*
bebēobend: *præceptor.*
bebod: *mandatum, præceptum, verbum.*
bebȳdan (behȳdan?): *abscondere.*
bebyr(i)g(e)an: *sepelire.*
bebyrged = *in monumento habens.*
 dæg ðe man mē bebyrge = *dies sepulturæ.*
 on tō bebyrgenne = *in sepulturam.*
beclyppan: *complecti.*
 hine beclypte = *cecidit super collum ejus.*
beclȳsan: *claudere, includere.*
becuman:(e-),(per-),(super-)*venire; in-cidere, -gredi.*
 tōsomne becuman = *convenire.*
becȳpan: *vendere, venire.*
bed(d): *grabatum, lectus.*
bedclyfa: *cubiculum.*
beddcofa: *cubiculum.*
bedelfan: *fodere.*
bedīglian: *abscondere, occulere.*
bedȳpan (-dyppan): *intingere.*
befæstan: *commendare, consummare, percurrere.*
befealdan: *involvere, plicare.*
befeallan: *cadere, incidere.*
befēran: *circumire.*
befōn: *capere; com-, re-prehendere.*
beforan: *ante, coram.*
 beforan cuman = *prævenire.*
 beforan faran = *præcedere.*
 beforan fēran = *ante-, præcedere.*
 beforan him = *in medio.*
 cuman beforan = *præcedere.*
 gōn beforan = *præ-cedere, -ire.*
 iernan beforan = *præcurrere.*
befrīnan: *discere.*
bēgen: *ambo, uterque.*
beginnan: *coepisse.*
begȳman: *attendere, curam habere, observare, procurare.*
begȳmen: *observatio.*
begyrdan: *præ-, suc-cingere.*
begyrdel: *zona.*
begytan (-gitan): *consequi, lucrari.*
behabban: *circumdare, detinere.*
behāt: *promissum.*
behātan: *constituere, polliceri, promittere, spondere.*
behāwian: *videre.*
behēafdian: *decollare.*
behealdan: *a-, circum-, re-, suspicere; intendere, servare, videre.*
behēfe: *necessarius.*
behrōpan: *sugillare.*
behweorfan: *revertere, reverti.*
behȳdan: *abscondere.*
 him wæs behȳdd = *non intelligebant.*
 wesan behȳdd = *fieri occultus.*
beigbēam: *rubus.*
belādian: *excusare, habere excusatum.*

belǣwan: *pro-, tra-dere.*
belgan: *indignari.*
belīfan: *remanere, superare, superesse.*
belimpan: *pertinere.*
belistnian: *castrare.*
　belistnod = *eunuchus.*
belūcan: *claudere.*
bemīðan: *latere.*
bēn: *deprecatio.*
bend: *vinculum.*
bēobrēod: *favus mellis.*
bēod: *mensa.*
bēodan: *comminari, imperare, mandare, præcipere.*
bēon: *efficere, gustare, manere.*
　bēon anlīc, drēorig, etc. *see* anlīc, drēorig, etc.
bēor: *sicera.*
beorg (beorh): *collis.*
beorht: *lucidus.*
beorhtlīce: *clare.*
beorhtness (-nyss): *claritas, splendor.*
beorhtwolcn: *nubes lucida.*
beorma: *fermentum.*
bēorscipe: *coena.*
bepǣcean: *illudere.*
beran: (*af-*), (*circum-*), (*in-*), (*trans-*) *ferre; bajulare, dare, facere, ponere, portare, tollere.*
　wæstm beran = *ferre, fructificare.*
berēafian: *de-fraudare, -spoliare; diripere, rapere.*
ber(e)n: *cellarium, hordeaceus, horreum.*
　bernes flōr = *area.*
bescēawian: *circumspicere, considerare, videre.*
bescēotan: *ire.*
bescirian: *amovere.*
bescūfan: *præcipitare.*
besencan: (*de*)*mergere.*
besēon: *a-, circum-, pro-, re-spicere; convertere.*
　besēonde = *elevatis oculis.*
besma: *scopa.*
besmītan: *coinquinare, communicare, contaminare.*
besmiten = *communis.*
bestandan: *circumdare.*

beswīcan: *seducere.*
beswician: *scandilizare.*
beswingan: *cædere.*
　beswungen = *flagellis cæsus.*
besyrwan: *tenere.*
bet: *melior.*
betǣcan: *credere, ostendere, tradere.*
betēon: *concludere.*
betera *see* gōd.
betrymian: *circumdare.*
betwēonan (-twȳnan): *inter, intra.*
betwux (-twe(o)x, -twuh, -twyx): *apud, inter, intra.*
betwux (-tweox) him: *ad alterutrum, ei singulatim; (ab, ad, in) invicem; secum, simul.*
betwȳnan (-twēonan): *inter, intra.*
　him, ēow, inc betwȳnan (-twēonan) = (*ab, ad, in*) *invicem.*
betȳnan: *sepem circumdare.*
beðencan: *revertere.*
beðurfan: *egere, indigere, necesse habere.*
bewǣfan (bcwǣfed = *amictus*).
beweddian: *desponsare.*
bewendan: *con-, re-vertere.*
beweorpan: *mittere, projicere.*
bewurpan mid meoxe = *fodere circa illam.*
bcwitan (tūnscīre bewitan = *villicare*).
bewindan: *involvere, ligare.*
bewrēon: *velare.*
bicgan (bycgan, bycgean): *emere, mercari, ponere.*
　uton gān bicgan = *euntes emamus.*
bīcnian: *innuere.*
biddan: *deprecari, orare, petere, poscere, postulare, rogare.*
　biddað = *orantes.*
bifian: *movere.*
bīgan: *flectere.*
bigspel(l): *parabola, proverbium, similitudo.*
bilwit: *mitis, simplex.*
bindan: (*al*)*ligare.*
binn: *præsepium.*
binnan: *infra.*
bisceop: *pontifex.*

bita: *buccella.*
biterlice (bityr-): *amare.*
blæc: *niger.*
blæd: *fructus.*
blase: *fax.*
blāwan: *canere,* (*insuf*) *flare.*
blētsian: *benedicere.*
blind: *cæcus.*
blindness: *cæcitas.*
bliss: *exultatio, gaudium.*
blissian: *gaudere.*
blissian mid = *congratulari.*
blīðe (bēo blīðe = *euge* wesan blīðe = *gaudere*).
blīðelic: *gaudens.*
blōd: *sanguis.*
blōdryne: *fluxus, profluvium sanguinis.*
bōc: *liber.*
bōcere (bōcyre): *scriba.*
bōceras = *frondes*(!).
boda: *nuntius.*
bodi(ge)an: (*an*)*nuntiare, eructare, evangelizare, prædicare.*
bodung: *prædicato.*
bōg: *ramus.*
bolster: *cervical.*
borgian: *mutuari.*
botl: *atrium.*
box: *alabastrum, libra.*
brecan: *frangere, rumpere, solvere.*
brēgan: *terrere.*
brēost: *pectus, uber.*
brerd: *summum.*
brice: *fractio.*
bridd: *pullus.*
bringan: ad-, *pro-ducere;* (*af-*), (*of-*), (*pro-*), (*re-*) *ferre; dare, facere, habere, mittere.*
brōðor: *frater.*

brūcan: *fungi.*
brūcað metes ætgædere = *coutuntur.*
brȳd: *sponsa.*
brȳdguma: *nuptiæ, sponsus.*
brytsen: *fragmentum.*
būgan: *declinare, procumbere.*
burg (burh): *castellum, civitas.*
burhsittende (burhsittende man = *civis*).
burhwaru (-ware): *civitas.*
burna: *torrens.*
būtan (būton, būtun): *circuitus, exceptus, extra, nisi, non habens, plusquam, præter, sine.*
būton gewyrhton = *gratis.*
būtū: *ambo.*
bydel: *exactor.*
byden: *modius.*
bȳme: *tuba.*
byrgen(n) (-yn): *monumentum, sepulchrum, sepultura.*
byrigan: *sepelire.*
byrhtmhwīl: *momentum temporis.*
byrðen (byrðyn): *onus, pondus.*
hefig byrðen = *pressura.*
bȳsen: *exemplum.*
bysmerian (bysmorian, bysmri(g)an): *blasphemare, illudere.*
bysmor (bysmur): *blasphemia.*
bysmor sprecan = *blasphemare.*
bysmorsp(r)æc (bysmurspæc): *blasphemia.*
bysmorspæce sprecan = *blasphemare.*
ðis ys bysmor-spræc = *blasphemavit.*
bysmorung: *blasphemia.*
bytt: *uter.*

C.

cæg: *clavis.*
cafertūn (cauer-): *atrium.*
calc: *sandalia.*
calic: *calix.*
candelstæf: *candelabrum.*
caru: *cura, sollicitudo.*
castel: *castellum.*

cēac: *urceus.*
ceaf: *palea.*
ceald: *frigidus, frigus.*
cēapian (cȳpan): *negotiari, vendere.*
cēapodun = *vendentes et ementes.*
cēapsceamul (cēp-): *gazophylacium,*

telonium.
ce(a)ster (cæster): *castellum, civitas.*
celf: *'vitulus.*
cempa: *miles.*
cennan: *gignere, parere.*
   cennende = *prægnans.*
ceorfan: *ab-, con-cidere; amputare.*
ceorl: *vir.*
ceorlian: *nubere.*
cēpsceamul: *gazophylacium.*
cēpsetl: *telonium.*
cīcen: *pullus.*
cīdan: *increpare.*
cild: *filiolus, filius, infans, parvulus, puer.*
cildclāð: *pannus.*
cildhād: *infantia.*
clǣne: *mundus.*
clǣnheort: *mundum cor.*
clǣnsian: *mundare, purgare.*
clǣnsung: *emundatio, purgatio, purificatio.*
clāð: *pannus.*
clifian: *adhærere.*
clipian (clypian): *accersere; (ad-), (con-) vocare; (ex)clamare.*
   tōsomne (ge)clypian = *convocare.*
cnæpp: *supercilium.*
cnapa: *puer.*
cnēores(s)(-nis(s),-nys(s)): *generatio, progenies.*
cnēorissebōc: *liber generationis.*
cnēow: *genu.*
cniht: *discipulus, filius, puer.*
cnucian: *pulsare.*
cocc: *gallus.*
coccel: *zizania.*
codd: *pera.*
corbān: *Corban.*
corn: *granum.*
coss: *osculum.*
costian: *temptare.*
costniend: *temptator.*
cost(n)ung: *temptatio.*
   dēofles costnung = *tribulatio.*
cot: *spelunca.*
crāwan: *cantare, vocem dare.*
Crīst: *Christus.*
cruma: *mica.*
culfre: *columba.*

cuma: *hospes.*
cumena hūs = *diversorium.*
cuman: *ab-, ex-, intro-, red-ire; ac-, pro-cedere; accidere; (ad-), (con-), (per-), (præ-), (super-) venire; descendere, egredi, facere, intrare, irruere, nasci, occurrere, oriri, revertere, surgere, vadere.*
   cuman beforan, tō, = *præcedere.*
   cuman tō wyrceanne = *convenire.*
   āgēn cuman = *redire.*
   beforan cuman = *prævenire.*
   eft āgēn cuman = *revertere, reverti.*
   on morgen cuman = *manicare.*
   tōgædere cuman = *convenire.*
   tōgædere cōmon = *concurrentes.*
   ðā cōm = *ecce.*
cunnan: *(ag-), (cog-) noscere; scire.*
   ne cunnan = *nescire.*
cūð (wesan cūð = *esse notus*).
cūða: *cognatus.*
cwealm: *pestilentia.*
cweccean: *movere.*
cwellere: *spiculator.*
cwēn: *regina.*
cweornstān (cwyrn-): *lapis, molaris, mola asinaria.*
cwe(a)rtern: *carcer.*
cweðan: *aio, clamare dicentem, colloqui, confiteri, respondere, videre.*
cwyst ðū (cweðe gē, wē) = *numquid.*
cwæð = *inquit.*
cwædon hig betwux him = *cogitabant inter se dicentes.*
hē cwæð ðæt he wǣre = *se fecit.*
hī tældon hī and cwǣdon = *vituperaverunt.*
man hrȳmde and cwæð = *clamor factus est.*
cwīðan: *lamentare.*
cwylman: *cruciari.*
cwylming: *crux.*
cwyrn: *mola.*
cwyrnstān (cweorn-): *mola asinaria.*
cȳf: *modius.*

cymyn: *cyminum.*
cynehelm: *corona.*
cyn(in)g (cin(in)g): *homo rex, rex.*
cyn(n): *generatio, genimen, genus, progenies, semen.*
cynryn: *progenies.*
cȳpa: *cophinus.*
cȳpan (cēapian): *negotiari, vendere.*
cyrice: *ecclesia.*
cyrr (æt sumum cyrre = *aliquando*).
cyrran: *abire, revertere, reverti.*

cyssan: *osculari.*
cyst: *loculus.*
cȳðan: (*an-*), (*re-*) *nuntiare; comminari, confiteri; (e)narrare; in-, præ-dicare; notum facere, perhibere, (pro)testari, testificare.*
cȳstð(!) = *perhibes.*
cȳðere: *testis.*
cȳðness (-nyss): *testamentum, testimonium.*

D.

dæd: *actus.*
dædbōt: *poenitentia.*
dōn dædbōte = *poenitere.*
dæg: *dies, hora.*
tō dæg = *hodie.*
twēgen dagas = *biduum.*
ðrȳ dagas = *triduum.*
for fēowur dagon = *quatriduanus.*
dæg ðe man mē bebyrge = *dies sepulturæ.*
hit wæs mid dæg = *medians.*
sæternes dæg = *sabbatum.*
wið hys dæges worce = *diurno.*
on ðām dæge = *in judicio.*
dæghwāmlic: *cotidianus, cotidie.*
dægræd: *diluculum.*
dæl: *pars.*
sum dæl = *modicum.*
fēorðan dæles rīca: *tetrarcha.*
dælan: *distribuere, dividere, erogare.*
dælend: *divisor.*
dēad: *defunctus, mortuus.*
bið dēad = *gustabit mortem.*
dēadbærlic: *mortiferus.*
dēað: *mors, mortuus.*
dēaf: *surdus.*
dearnunga: *occultus.*
delfan: (*ef*) *fodere.*
dēma: *judex, præses.*
dēman: *judicare, judicium facere.*
tō dēmenne = *in judicium.*
denu: *vallis.*
dēofol (dēoful): *dæmon, dæmonium, diabolus, malus.*

dēofles costnung = *tribulatio.*
dēofolsēoc: *dæmonium habere.*
dēofolsēocness (-nyss, -niss): *dæmonium.*
derian: *nocere.*
dēop (sub.): *altitudo.*
dēop (dȳp) (adj.): *altus.*
deorc: *nequam.*
dēorwyrðe (-wurðe): *pretiosus.*
dīacon: *Levita.*
dīgel (dīgol, dȳgel): *absconditus, occultus, opertus.*
dīgel(l)ice (dīg(o)l-, dīh-): *in occulto, occulte, opportune, secreto, silentio.*
dihtan: *consilium dare, constituere, disponere.*
dihtnere: *dispensator.*
dile: *anethum.*
disc (dix): *catinus, discus, paropsis.*
dohtor: *filia.*
dōm: *judicium, testimonium.*
dōmern: *prætorium.*
dōmsetl: *tribunal.*
dōn: *agere, convertere, dare, expellere, facere, fingere, gerere, habere, (im)mittere, (in)ferre, ponere.*
dōn aweg = *tollere.*
dōn heonan = *auferre.*
hrēowsunge dōn = *poenitere.*
t(e)ala dōn = *benefacere.*
gyf hī dōð = *alioquin.*
dreccan: *vexare.*
drehnigean: *excolare.*
drēorig (bēon drēorig = *contristare*)

drīfan — ēaðe 81

drīfan: *ejicere.*
drīgan: *(ex)tergere.*
drīge: *aridus.*
driht (drihte ealdor = *architriclinus*).
drihten (dryhten): *dominus.*
drinc: *potus.*
drincan: *bibere, glutire, inebriare, potus.*
druncen = *ebriosus.*
dropa: *gutta.*
druncenness: *ebrietas.*
dryhten (drihten): *dominus.*
duguð (duguðe ealdor = *archisynagogus, magistratus*).
duguðealdor (duguðe ealdor): *magistratus.*
dumb: *mutus.*

dūn: *mons.*
dure (duru): *foris, janua, ostium.*
dureðīnen (duru-): *ancilla ostiaria, ostiaria.*
dureweard: *janitor.*
durran: *audere.*
ne durran = *timere.*
dūst: *pulvis.*
dweli(g)an: *errare.*
dwolma: *chaos.*
dȳpan: *intingere.*
dȳre: *pretiosus.*
dyrne (næs dyrne = *non latuit*).
dyrstiglice: *audacter.*
dysegian: *blasphemare.*
dysig (-eg): *fatuus, stultus.*
dysiness: *blasphemia.*
dyttan: *opprimere.*

E.

ēac: *etiam, similiter.*
ēacnian (ēacni(g)ende = *prægnans*).
ēadig: *beatus.*
ēadmōd (ēað-): *humilis.*
ēadmōdness: *humilitas.*
ēage (ǣage): *foramen, oculus.*
mid ānum ēagan = *luscus.*
e(a)hta: *octo.*
e(a)htatȳne: *decem et octo.*
ēalā: *O.*
eald: *antiquus, prior, senex, vetus.*
eald tīd = *antiquus.*
yldra (ealdra): *major, primus, senior.*
yldest (yldost, yltst): *major, primus.*
ealdian: *senescere.*
ealdor (yldor): *magistratus, princeps, principatus, tribunus.*
drihte ealdor = *architriclinus.*
duguðe ealdor = *archisynagogus, magistratus.*
hīredes ealdor = *paterfamilias.*
hundredes (hundrydes) ealdor = *centurio.*
ealdorman: *princeps, senior.*
ealdorscype: *principari.*
eal(l): *totus, universus, unusquisque.*

eall ðing = *omnis.*
eall ðæt hē āh = *omnia bona sua.*
eall ðām ðe him mid = *simulque.*
ealla: *fel.*
eallswā: *tamquam.*
eallunga: *jam, omnino, profecto.*
ēar: *spica.*
earc: *arca.*
eard: *patria, regio.*
eardi(ge)an: *habitare.*
eardungstōw: *locus, mansio, tabernaculum.*
ēare: *auricula, auris.*
earfoðlice: *difficile.*
earm (sub.): *brachium.*
earm (adj.): *pauper(culus).*
earn: *aquila.*
earwe (gearu): *paratus.*
ē(a)stdǣl: *oriens.*
ēaster (ēastre): *Pascha.*
ēasterdæg: *dies solemnis Paschæ.*
ēasterdæges frēolstīd = *dies solemnis Paschæ.*
ē(a)sterfrēolsdæg: *festus, dies festus Paschæ.*
ēasterlic (ēasterlic frēols = *festus*).
ēasterðēnung: *Pascha.*
ēaðe: *facilis.*

6

ēaðelic: *facilis, possibilis.*
  hū hē ēaðlicust = *opportunitas.*
ēaðlǣre: *docibilis.*
ēaðmōd (ēad-): *humilis.*
  ēaðmōdust = *novissimus.*
ebrēisc: *Hebraice, Hebraicus.*
ēce: *æternus.*
eced: *acetum.*
ecg: *os.*
ēcnyss: *æternus.*
edcennan: *renasci.*
edcenning: *regeneratio.*
edlēan: *retributio.*
ednīwe: *denuo.*
  ednīwe gecennan = *renasci.*
efengelic: *coæqualis.*
efenðēow(a): *conservus.*
effeta: *ephphetha.*
efne: *ecce.*
  efne ðā = *ecce.*
efstan: *contendere, festinans descendere, festinare, properare.*
eft: *deinde, iterare, iterum, postea, rursum, rursus.*
  eft ācennan = *renasci.*
  eft āgēn cuman = *revertere, reverti.*
  eft getimbr(ige)an = *reædificare.*
ege: *metus, timor.*
egl: *festuca.*
egsa: *terror.*
ēhtan: *persequi, separare.*
eht- *see* eaht-.
ehtēoða: *octavus.*
ēhtness (-nys(s)): *persecutio.*

ele: *oleum.*
eleberge: *oliva.*
elles: *alioquin, aliunde.*
eln: *cubitus.*
elðēodi(g)nyss: *peregre.*
elðēodisc: *peregrinus.*
embe(-) *see* ymbe(-).
embeðencende = *sollicitus.*
ende: *finis, pars.*
  endas = *novissima.*
  middaneardes ende = *ventus.*
endebyrdness: *ordo.*
endlufun: *undecim.*
endlyfta: *undecimus.*
endung: *consummatio.*
engel (engyl): *angelus.*
eored (eoryd): *legio.*
eornfullness: *sollicitudo.*
eornost (on eornost, eornust=*quippe*).
eornostlīce (eornust-): *ergo.*
eorðbifung: *terræ motus.*
eorðe: *arida, orbis regnum, terra.*
eorðlic: *terrenus.*
  eorðlic wīn = *genimen vitis.*
eorðtilia (-tylia): *agricola.*
erigan: *arare.*
ēst- *see* ēast-.
ēsta: *deliciæ.*
ēster- *see* ēaster-.
etan: *cœnare, (com)edere, manducare, prandere.*
ettul: *vorax.*
ēðel: *patria.*
ēðhylde: *contentus.*
exl: *humerus.*

F.

fāc(e)n: *dolus, fraus, nequitia.*
fæc: *intervallum spatium.*
fæder (fædyr): *pater.*
  hīredes fæder = *paterfamilias.*
fægnian: *gaudere.*
fǣla (swā fǣla = *tantus*).
fǣman: *spuma.*
  fǣmð = *dissipat cum spuma.*
fǣmne: *virgo.*
fǣmnhād: *virginitas.*
fær: *iter.*
færinga: *repente, subito.*

fǣrlic: *repentinus.*
fǣrlīce: *subito.*
fæstan: *facere jejunare.*
fæstende = *jejunus.*
fæsten: *jejunium.*
fæstnung: *fixura.*
fæt: *pelvis, vas.*
fætt: *saginatus.*
fahnian: *exultare.*
fald (scēapa fald = *ovile*).
fandian: *probare, temptare.*
fann: *ventilabrum.*

faran: (*ab-*), (*ex*)-, (*præter-*), (*trans-*) *ire; advenire, ambulare; (a-), (de-) scendere; dis-, pro-cedere; divertere, intrare, mittere, pergere, proficisci, revertere, reverti, transmeare, vadere.*
beforan, tōforan faran = *præcedere.*
uton faran = *ire.*
wylle faran and feohtan = *iturus committere bellum.*
fariseisc (phariseisc): *Pharisæus.*
feallan: *cadere; de-, pro-cidere; jactare.*
fearr: *taurus.*
fēawa: *non multus, paucus.*
fecc(e)an (fetian): *ducere, haurire, repetere, tollere.*
fēdan: *nutrire, pascere.*
fēfor (fēfer): *febris.*
fela (fæla): *multum, multus, plurimus.*
hū fela = *quantus, quot.*
swā fæla = *tantus, tot.*
swā fela swā = *quantus, quotquot.*
feldlic: *campestris.*
fellen: *pelliceus.*
fen (on fen (on ofen?) = *in clibanum*).
fenn: *lutum.*
feoh (fēo): *æs, pecunia.*
feohtan: *decertare.*
wylle faran and feohtan = *iturus committere bellum.*
fēond: *inimicus.*
feor(r): *longe, peregre.*
feorlen (fyrlen): *longinquus.*
feorm: *cœna, prandium.*
feormian: *purgare.*
feorran(ne): *longe.*
fēorða: *quartus.*
fēorðan dæles rīca = *tetrarcha.*
fēorðling: *æra minutum, minutum, quadrans.*
fēower: *quatuor.*
for fēowur dagon = *quatriduanus.*
fēowerfeald: *quadruplum.*
fēowertig (fēowur-): *quadraginta.*
fēowertyne: *quatuordecem.*

fēran: (*ab-*), (*ex-*), (*intro-*), (*præter-*), (*trans-*) *ire; a-, de-, tran-scendere; currere; dis-, pro-, re-, se-cedere; e-, re-gredi; facere, intrare, iter facere, migrare, (per)ambulare, proficisci, profiteri, revertere.*
beforan fēran = *ante-, præcedere.*
ðār æfter fēran = *sequi.*
fērde = *præcedebat ascendens.*
fērdon hig ðurh = *egressi autem circumibant.*
ferian: *ferre.*
fetian: *ducere.*
feðer: *cautio.*
fex: *capillus.*
fīcæppel: *ficus.*
fīcbēam: *ficulnea.*
fīctrēow: *arbor fici, ficulnea, ficus.*
fīf: *quatuor, quinque.*
fīf hund = *quingenti.*
fīftēoða: *quintus decimus.*
fīftig: *quinquageni, quinquaginta.*
filigan: *sequi.*
findan: *invenire.*
finger: *digitus.*
fisc: *pisciculus, piscis.*
fisccynn: *genus piscium.*
fiscere: *piscator.*
fiscnett: *rete piscium.*
fiscwēr: *captura.*
fiðere: *ala, penna.*
fixian: *piscari.*
flæsc: *caro.*
flēam: *fuga.*
flēon: (*pro*)*fugere.*
flex: *linum.*
flītan: *contendere, litigare.*
hig fliton = *schisma erat.*
hī flitun = *facta est contentio.*
flōd: *diluvium, flumen, fluvius, inundatio.*
flōr (bernes flōr = *area*).
flōwan: *fluere, illidere.*
fnæd: *fimbria.*
fola: *pullus, pullus filius.*
folc: *cohors, multitudo, plebs, populus, turba, vir.*
folc and ðā ðegnas = *cohors.*

6*

folgian: *adhærere, sequi.*
fōn: *prendere.*
for: *propter.*
for fēowur dagon = *quatriduanus.*
for hwām, hwī (hwig) = *quare.*
for nāht = *irritus.*
for ðām (forðām) = *eo quod.*
for ðī (forðī, forðig, forðȳ) = *propterea.*
forbærnan: *ardere, comburere, succendere.*
forbēodan: *comminari, ferre, prohibere, vetare.*
forberan: *ferre, pati.*
forbrecan: *comminuere, confringere, frangere.*
forbryttan: *conquassare.*
forbūgan: *pertransire; præter-gredi, -ire.*
forceorfan: *ex-, suc-cidere.*
fordǣlan: *erogare.*
fordēman: *condemnare, damnare, judicare.*
fordōn: *afficere, perdere.*
fordrūwian: *arescere.*
forealdigean: *veterascere.*
forebēacn: *prodigium, signum et portentum.*
foresecgean: *prædicere.*
foresmēagan: *ponere; præ-cogitare, -meditari.*
forestæppend: *præcessor.*
foresteppan: *præire.*
forestihtian: *definirc.*
foretīge: *forum.*
forflēon: *fugere.*
forgiefan (-gyfan): *di-, re-mittere; donare.*
forgieldan (-gyldan): *reddere, retribuere.*
forgietan: *oblivisci.*
forgnīdan: *al-, e-lidere.*
forgyf(e)nes (-nys): *remissio.*
forgyfen(d)lice: *remisse.*
forgȳman: *negligere, præterire, transgredi.*
forhabban: *tenere.*
forhogian: *aspernari, contemnere, spernere.*

forht: *timidus.*
weorðan forht = *expavescere.*
wurdon forhte = *factus est pavor.*
forhti(ge)an: *expavescere, formidare, obtupescere, pavere, periclitari, timere, tremere.*
hig forhtodon = *complebantur et periclitabantur.*
forhwyrfan: *a-, sub-vertere.*
foriernan: *præcurrere.*
forlǣtan: *(de)relinquere; di-, o-mittere; exire.*
forlǣten = *desertus.*
forlegennys: *fornicatio.*
forlēosan: *perdere.*
forliger (-līr) (sub.): *fornicatio.*
forliger (adj.): *adultera.*
forma: *initium, primus.*
forniman (-nyman): *consumere, demoliri, dissipare, elidere, exterminare.*
bēon fornumen = *consummari.*
forscrincan: *arefacere, arere, (ex)arescere.*
forscrincð = *in clibanum mittitur.*
forscruncen = *aridus, aridus factus.*
forsecgean: *prædicere.*
forsēon: *confundere, erubescere.*
forspildan: *dissipare.*
forspillan: *interficere, perdere.*
forspilled = *perditio.*
forspilledness (-nyss): *perditio.*
forstelan: *furari.*
forswelan: *exæstuare.*
forswelgan: *devorare.*
forsweorcan: *obscurare.*
forswerian: *perjurare.*
forswīðan: *vincere.*
fortredan: *calcare, conculcare.*
forð (gewītan forð = *cæpisse declinare.*
heonon forð = *amodo, amplius*).
forðā: *eo quod.*
forðāgān: *præterire.*
forðām: *ergo propter, ideo, propter, propterea.*
forðberan: *perhibere.*
forðbringan: *pro-ducere, -ferre.*

forðfaran: *pati.*
forðfaren = *defunctus.*
forðfēran: *expirare, mori, obire.*
forðfērde = *defuncta est.*
forðgān: *ex-, præter-ire; procedere.*
forðgang: *secessus.*
forðræsan: *exilire, salire.*
forðriccednys: *pressura.*
forðrysmian: *suffocare.*
forðsīð: *obitus.*
forðsteppan: *procedere, prodire.*
forðstōpon = *prætereuntes.*
forðy (for ðī, forðī, forðig): *propterea.*
forwandian: (*re*)*vereri.*
forweorðan (-wurðan): *perire.*
forwrecan (forwrecen = *peregrinus*).
forwrēgan: *diffamare.*
forwundian (swȳðe forwundod = *ulceribus plenus*).
forwurðan (-weorðan): *perire.*
forwyrcan (forwyrhte mann = *vinctus*).
forwyrd: *detrimentum.*
fōt: *pes.*
fōtcop(p)s: *compes.*
fōtsc(e)amol (-scamel, -scamul): *scabellum pedum.*
fox: *vulpes.*
frēfrian: *consolari.*
frēfriend: *Paracletus.*
fremede: *alienus.*
fremfull: *beneficus.*
fremman (fremian): *expedire, proficere.*
frēo: *liber.*
frēolsdæg: *dies festivitatis, dies festus.*

frēolstīd (ēasterdæges frēolstīd = *dies solemnis Paschæ*).
frēond: *amica, amicus.*
fretan: *comedere.*
frīcian: *saltare.*
frōfor: *consolatio.*
se hāliga frōfre gāst = *Paracletus spiritus sanctus.*
fruma: *constitutio, initium, principium.*
frumcenned: *primogenitus.*
frymð: *constitutio, initium, principium.*
fugel (fugol, fugul): *altilis, avis, volatile, volucris.*
fulfremman: *perficere.*
full: *plenus.*
 bēon full = *saturatus esse.*
 wesan full = *impleri.*
fullere: *fullo.*
fullian: *baptizare.*
fulluht (-wiht): *baptismus.*
furlang: *stadium.*
furðra: *major.*
fȳftȳne: *quindecim.*
fylig(e)an (fylian, fylygian): *post venire;* (*pro-*), (*sub-*)*sequi; sectari.*
 æfter fyligende = *sequentes.*
fyllan: *implere.*
fyllesēoc: *lunaticus.*
fylstan: *adjuvare.*
fȳlð: *spurcitia.*
fȳr: *ignis.*
fyrenian: *moechari.*
fyrlen (feorlen): *longinquus.*
fyrmest: *primus.*
fyrst: *spatium.*
fȳst: *alapa, colaphus.*

G.

gad(e)rian: *colligere, congregare.*
gælan: *tollere.*
gælsa (on his gælsan = *luxuriose*).
gærs (gers): *fænum, herba.*
gærstapa: *locusta.*
gafol (gaful): *census, didrachma, tributum, usura.*
gafolgylda: *debitor.*

gān: (*ab-*), (*ex-*), (*intro-*), (*trans-*) *ire; ac-, dis-, in-, pro-cedere; ambulare; a-, de-scendere; e-, in-gredi; intrare, vadere, venire.*
gān beforan, tōforan = *præcedere, -ire.*
gān geond = *ingressum peram-*

bulare.
gān heonan = *recedere.*
gān in and ūt = *ingredi et egredi.*
gān innan, intō = *intrare.*
gān tōgædere = *convenire.*
tō setl gān = *occidere.*
tōforan gān = *antecedere.*
ōanon gān = *exire.*
ūt gān = *procedere.*
uton gān = *eamus, euntes.*
wæs wērig gegān = *fatigatus ex itinere.*
gangan (gangende = *pedester*).
gāst = *spiritus.*
unfǣle gāst = *phantasma.*
gēa: *etiam.*
geādlian: *languere.*
geānbiddan: *petere.*
geanbīdian: *expectare, spectare, sustinere.*
geandswarian: *respondere.*
geandlīcian: *assimilare.*
gē(a)r: *annus.*
gearcung: *parasceve.*
gearcungdæg: *parasceve.*
ge(a)re: *certus.*
gearu (earwe): *paratus, promptus.*
gearwian: *parare.*
geārwurðian: *honorificare.*
geat (get): *ostium, porta.*
geatweard: *ostiarius.*
geāxian: *exquirere.*
gebed: *oratio, sermo.*
gebedhūs: *domus orationis.*
gebedmann: *adorator.*
gebelgan: *indignari, irasci.*
gebelimpan: *facere.*
gebeorhtan: *clarificare.*
gebēorscipe (-scype): *cæna, convivium.*
geberan: *effere, nasci.*
gebētan: *emendare.*
gebicgan: *see* gebycgan.
gebīdan: *expectare, remanere, sustinere.*
gebiddan: (*ad*)*orare, postulare, rogare.*
gebīgan: *flectere, provolvere.*
gebindan: (*al*)*ligare, vincire.*
wæron on mid gebundene =

conviciabantur.
gebiterian (gebiterod = *myrrhatus*).
geblend: *cæcatus.*
geblētsian: *benedicere, orare.*
geblissian: *exultare, gaudere, reficere.*
geblissa = *euge.*
gebod: *edictum, rex.*
gebodian: *prædicare.*
gebringan: *assumere, offerre.*
gebrǣdan: *assare.*
gebræd = *assus.*
gebrot: *fragmentum.*
gebrōðor: *fratres.*
gebycgan (-bicgan): *appretiare, emere, ponere.*
gebyrddæg: *dies natalis.*
gebyrdtīd: *natalis.*
gebyrgan (gebyrged = *in monumento habens*).
gebyrian: *accidere, capere, contingere, oportere, pertinere.*
gecǣlan: *refrigerare.*
gecennan (ednīwe gecennan = *renasci*).
gecēosan: *di-, e-ligere.*
gecoren = *cultor, electus.*
Godes gecoren = *Christus.*
gecīg(e)an: *vocare.*
tōsomne gecīgan = *convocare.*
geclǣnsian: *mundare.*
geclǣnsnng: *purificatio.*
geclypian (tōgædere geclypian = *convocare.*
tōsomne geclypian = *convocare*).
gecnǣwe (wesan gecnǣwe = *testimonium dare*).
gecnāwan: (*ag-*), (*cog-*) *noscere; scire, videre.*
gecnyttan: *circumdare, imponere, suspendere.*
gecostian: *temptare.*
gecwedrǣden: *conventio.*
gecwēman: *cognoscere, placere, satisfacere.*
gecweðan: *vocare.*
gecyndlim: *vulva.*
gecyrran: *con-, di-, re-vertere.*
gecyðan: *nuntiare.*
gecyðness: *testimonium.*

gedæftan: *sternere.*
gedæfte: *mansuetus.*
gedæghwāmlic: *supersubtantialis.*
gedaf(e)nian: *decere, oportere.*
gedēman: *judicare, remetiri.*
gedeorf: *tribulatio.*
gedihtan: *conspirare.*
gedōn: *agere, facere, mittere.*
  māre tō gedēst = *supererogaveris.*
gedreccan: *vexare.*
gedrēfan: *contumelia, (con)turbare, scandalizare.*
gedrēfedness (-nyss, -drefydness): *confusio, scandalum, tribulatio.*
gedrīfan: *mergere.*
gedwola: *error.*
gedwyld: *error.*
geēacnian: *adjicere, concipere.*
  wesan geēacnod = *prægnans.*
geēaðmēdan: *adorare, humiliare.*
geedcucian: *reviviscere.*
geednīwian: *responsum.*
  wearð geednīwod = *cæpit videre.*
geefenlǣcan: *assimilare.*
geendebyrdan: *ordinare.*
geendian: *consummare.*
geendung: *consummatio.*
geetan: *cænare.*
gefægnian (-fagnian): *exultare, gaudere.*
gefēa: *gaudium.*
gefeoht: *bellum, prælium.*
gefeohtan (gif hē ðonne wið hine gefeohtan ne mæg = *alioquin*).
gefēr: *comitatus.*
gefēra: *condiscipulus, socius.*
gefērrǣden: *ecclesia, synogoga.*
gefōn: *ap-, com-prehendere; capere, prendere, tenere.*
gefrætwian: *ornare.*
gefrēdan: *sentire.*
gefrēfran: *consolari.*
gefremman: *operari, perficere.*
gefrȳnd: *amicus.*
gefullian: *baptizare.*
gefylgean: *assequi.*
gefyllan (-fullan): *adim-, com-, im-,*
re-plere; consummare, movere, pendere, perficere, saturare.*
gefylled = *plenus.*
gefylledness: *plenitudo.*
gefylstan: *adjuvare.*
gefȳnd: *inimicus.*
gefyrn: *olim.*
gegaderian: *colligere; con-gregare, -vocare.*
gegearcungdæg: *parasceve.*
gegearwian: *facere, præbere, (præ)parare.*
geglengan: *ornare.*
gegrīpan: *ap-, com-prehendere; arripere.*
gegyrla: *stola.*
gehabban: *habere, tenere.*
gehæft: *captivus.*
gehæftan: *vincire.*
gehǣlan: *curare, dimittere in remissionem, facere, mundare, salvare, salvificare; salvum, sanum facere; sanare.*
gehǣled wǣs = *sanus fuerat effectus.*
gehālgian: *sanctificare.*
gehātan: *vocare.*
gehealdan: *(con-), (ob-)servare; continere, custodire, possidere.*
gehēapian: *coagitare.*
  gehēapod = *confertus.*
gehefegian: *gravare.*
gehende: *juxta, prope, proximus.*
geheort: *animæquior.*
geherian (gehered wesan = *videri*).
gehīwian: *transfigurare.*
gehlȳd: *murmur, tumultus.*
gehlystan: *audire.*
gehrōwan: *remigare.*
gehūsa: *domesticus.*
gehwǣde: *modicus, pusillus.*
gehwǣde tīd = *modicum.*
gehweorfan: *regredi.*
gehwilc (-hwylc): *quisque.*
  ānra gehwilc = *singuli.*
gehwyrfan (āgēn gehwyrfan = *redire*).
gehyhtan (-hihtan): *sperare.*
gehȳran: *cognoscere, (ex)audire, facere.*

ðæs ðe we gehȳrdon = *auditui nostro*.
gehȳrness: *auditus*.
gehȳrsum (bēon gehȳrsum = *sustinere*).
gehyrwan: *cognoscere*.
geīcan (-ȳcan): *adjicere, adaugere*.
gelācnian: *complacere*.
gelæcc(e)an: *apprehendere, rapere*.
gelædan: (*ad-*), (*e-*), (*in-*) *ducere; agere, ponere*.
gelǣran: *docere, edicere, erudire*.
gelǣstan: *manere*.
gelǣt: *exitus*.
gelaðian: *colligere, invitare, vocare*.
gelēafa: *fides, fiducia*.
ðurh ðone gelēafan = *credentes*.
gelecgan (onuppan gelecgan = *superponere*).
gelēorednyss: *transmigratio*.
gelīc: *æqualis, par, similis*.
bēon gelīc = *assimilare*.
gelīce: *idipsum, similiter*.
gelīcian: (*com*)*placere*.
gelīcness: *similitudo*.
gelīefan (-lȳfan): *credere, confidere, recipere*.
gelīffæstan: *vivificare*.
gelimpan: *contingere*.
gelōmlice: *crebro, frequenter*.
gelufian: *diligere*.
gelȳfan: *recipere*.
gelyfian: *vivere*.
gemacian: *facere*.
gemæcca: *conjux*.
gemænelice (ēow gemænelice = *invicem; ab, ad, in invicem*).
gemǣre: *finis, terminus*.
gemǣrsian: *magnificare*.
gemang: *apud, inter, interea, medius*.
gemangian: *negotiari*.
gemearcian: *designare*.
gemengan: *miscere*.
gemet: *mensura, satum*.
sestra gemet = *metreta*.
gemetan: *remetiri*.
gemētan: *invenire*.
gemiltsian: *misereri*.
gemōt: *concilium, consilium*.

gemunan: *meminisse, memorare, recordari, reminisci*.
gemynd: *commemoratio, memoria*.
gemyndgian: *admonere*.
gemyndig: *memor*.
gemyngian: *præmonere*.
genēa(h)lǣcan: *accedere, appropriare, appropinquare, cœpisse, venire*.
genemnan: *cognominare, vocare*.
genemned = *nomine*.
genēosian: *adire, visitare*.
genēosung: *visitatio*.
genīedan (-nȳdan): *angariare, expellere*.
geniman: *accipere, assumere, comprehendere, tenere*.
genip: *nubes*.
genōh: *abundantius, satis*.
bēon genōh = *sufficere*.
habban genōh = *abundare, sufficere*.
nabban genōh = *non sufficere*.
genȳdan: *expellere*.
genyrwan: *coangustare*.
genyðerian: *condemnare, damnare, humiliare*.
genyðerung: *damnatio*.
geoc: *jugum*.
geoguð: *juventus*.
gēomrian: *ejulare*, (*in*)*fremere, ingemiscere*.
geond (gān geond = *ingressum perambulare*).
geong: *adolescens, juvenis*.
geong mann = *adolescens*.
gingra: *minor, junior*.
geopenian: *aperire, revelare, scire*.
georne: *diligenter*.
geornfull: *sollicitus*.
geornlice: *diligenter, frequens*.
geplantian: *plantare*.
gēr (gēar): *annus*.
gerād (sub.): *ratio*.
gerād (adj.) (ðus gerād = *hujusmodi*).
gerādegian (gerādegode = *voluit rationem ponere*).
gere (geare): *certus*.
gereccan: *dirigere, interpretari*.

gerēfa: *decurio, procurator, villicus.*
gerēfscīr: *villicatio.*
gereord: *prandium.*
mīn gysthūs and mīn gereord = *refectio mea.*
gerestan: *requiescere.*
geriht: *directum.*
gerihtan: *dirigere.*
gerihtlǣcan: *arguere.*
gerihtwīsian: *justificare.*
gers (gærs): *fœnum.*
gerȳne: *mysterium.*
gesacan: *inquirere.*
gesamnian: *con-gregare, -jungere.*
wesan gesamnod = *convenire.*
gesamnun(c)g (-somnung): *synogoga.*
gesāwan: *seminare.*
gesceaft: *creatura.*
gescēawian: *circumspicere.*
gescēogan: *calceare.*
gescippan: *condere.*
gescrȳdan: *induere.*
gescȳ: *calceamentum.*
gescyldgian (ðæt hig hine gescyldgudun = *ut caperent eum in sermone*).
gescyrian: *convertere.*
gescyrtan: *breviare.*
gesēcan: *requirere.*
gesellan (-syllan): *tradere, vendere, (venum)dare.*
gesencan: *demergere.*
gesēon: *a-, per-, re-spicere; audire, considerare, invenire, videre.*
habban gesewen = *videri.*
gesettan: *constituere, locare, ponere, sistere, statuere, tradere.*
ǣr middan-eard gesett wæs = *ante constitutionem mundi.*
gesetednyss: *constitutio.*
gesibsum: *pacificus.*
gesittan: *discumbere.*
gesih(t)ð (-syhð): *conspectus, oculus, visio, visus.*
gesomnung (gesamnun(c)g): *synogoga.*
gespecan: *loqui.*
gestaðelian: *lucrari.*
gestillan: *obmutescere, silere.*

gestrangian: *confortare.*
gestrēon: *usura.*
gestrȳnan: *acquirere, facere, gignere, (super)lucrari.*
gesugian: *obmutescere.*
geswencan: *af-ficere, -fligere; tenere.*
geswencedness: *tribulatio.*
geswīcan: *cessare.*
geswinc: *labor, temptatio.*
geswingan: *flagellare.*
geswutelian: *clarificare, credere, demonstrare, indicare, manifestare, manifestum facere, revelare, significare.*
gesȳbsumian: *reconciliare.*
gesȳclian: *infirmari.*
gesyhð: *conspectus, visus.*
gesyllan: *vendere, (venum)dare.*
gesyltan: *condire, salire.*
gesȳman: *onerare.*
gesyngian: *moechari.*
get (geat): *ostium, porta.*
getācnian: *signare.*
getǣl: *numerus.*
getellan: *de-, re-putare; numerare.*
getēorian: *deficere.*
getīdan: *contingere.*
getī(e)gan: *(al)ligare.*
getimbr(i)(ge)an: *ædificare, fundare.*
eft getimbr(ige)an = *reædificare.*
getimbrung: *ædificatio, structura.*
getīðian: *admittere.*
getrūwian: *confidere.*
getrymman (-trymian): *(con)firmare, fundare.*
getrȳwe: *fidelis.*
getwǣman: *separare.*
getȳme: *jugum.*
geðafian: *sinere.*
geðanc: *cogitatio.*
on his geðanc = *intra se.*
geðeaht: *concilium, consilium.*
geðenc(e)an: *cogitare, recordari.*
geðēod (is on ūre geðēode = *est interpretatum*).
geðēodan: *adhærere.*
geðincan: *videri.*
geðōht: *cogitatio.*

geðolian: *pati.*
geðrē(ag)an: *coarcitare, corripere, torquere.*
geðwǣrian: *consentire.*
geðwēan: *baptizare.*
geðyld: *patientia.*
geðyldegian: *patientiam habere.*
geunrētan: *contristare, mærere.*
geunrōtsian: *contristare, scandalizare.*
geuntrēowsian (-trȳwsian): *scandalizare.*
weorðan geuntrēowsod = *scandalum pati.*
geuntrumian: *infirmari.*
gewǣcean: *afficere.*
gewǣpnian: *armare.*
geweaxan: *nasci.*
gewemman: *corrumpere, violare.*
gewendan: (*con-*), (*re-*) *vertere; regredi.*
gewenge: *maxilla.*
geweorðan (-wurðan): *accidere, facere, gerere, incipere.*
bēon geworden = *effieri.*
ne gewurðe ðæt = *absit.*
ðæt ne gewurðe = *absit.*
wesan geworden = *exire.*
gewīdmǣrsian: *diffamare, divulgare, traducere.*
gewilnian: *concupiscere, cupere, desiderare.*
gewilnung: *concupiscentia, desiderium.*
gewinn: *agonia.*
gewistfullian: *epulari.*
gewistian: *epulari.*
gewis(s)lice: *porro.*
gewistlǣcan: *epulari.*
gewit: *scientia.*
gewita: *testis.*
gewītan: *dis-, re-cedere; evanescere; ex-, præter-, trans-ire.*
gewitan forð = *cœpisse declinare.*
gewītendnes: *excessus.*
gewītnes(s) (-wittnyss): *testimonium, testis.*
gewrēgan: *accusare.*
gewrit: *inscriptio, scriptura, testimonium, titulus.*

gewrītan: *scribere.*
gewrixl (-wryxl): *commutatio, vicis.*
gewuldrian: *clarificare, glorificare.*
gewuna: *consuetudo.*
wesan gewuna = *solere.*
gewundian: *vulnerare.*
gewunian: *consuescere, manere.*
gewurðian: *appretiare.*
gewyldan: *domare.*
gewyrcan: *manducare, occidere, operari.*
būton gewyrhton = *gratis.*
geyflian: *infirmari.*
gi(e)fu (gyfu): *donum, gratia.*
tō gyfe = *gratis.*
gīeman (gȳman): *desiderare; intendere, -tueri; observare, videre.*
gif (gyf): *nisi, si, sin.*
gif hē ne mæg = *alioquin.*
gif witodlice = *siquidem.*
gyf hī dōð = *alioquin.*
gīfre: *avarus.*
gift- see gyft-.
gingra see geong.
glēaw: *prudens.*
glēawlice: *prudenter.*
glēawscipe (-scype): *prudentia.*
glēd: *pruna.*
glengan: *ornare.*
glitinian: *splendere.*
gnæt: *culex.*
gnīdan: *confricare.*
God: *Deus, regnum.*
Godes gecoren = *Christus.*
Godes rīce = *regnum cœlorum.*
hē is God = *ipse benignus est.*
gōd (sub.): *bonum.*
gōd (adj.): *bonus, justus, uber.*
gōd sǣd = *sementis.*
betera: *bonum, melior.*
wesan betera = *expedire.*
sēlra: *magis, melior, pluris, plus.*
sēlra ðonne = *plusquam.*
sēlest (sēlust): *optimus, primus.*
godspel(l): *evangelium.*
gold: *aurum, thesaurus.*
goldhord: *thesaurus.*
goldhordian: *thesaurizare.*
gorst: *rubus.*

gorstbēam: *rubus.*
gram: *molestus.*
grāpian: *palpare.*
grēada: *sinus.*
grēcisc: *Græce, Græcus.*
gremman: *blasphemare.*
grēne: *viridis.*
grētan: *cognoscere, salutare.*
ðæt hig man grēte = *salutationes.*
grēting: *salutatio.*
grīn (grȳn): *laqueus.*
grindan: *molere.*
gristbītian: *stridere.*
gristbītung: *stridor.*
gristlung: *stridor.*
grōwan: *germinare.*
grund: *abyssus, profundum.*
grundweall: *fundamentum.*
gyf see gif.
gyft: *nuptus.*
gyf(a)ta = *nuptiæ.*
gyfthūs: *nuptiæ.*

gyftigean (giftigean): *nubere.*
gyftlic: *nuptialis.*
gyfu see gicfu.
gyldan: *solvere.*
gylt: *causa, debitum, delictum, peccatum.*
gyltend: *debitor.*
gyltig (wesan gyltig = *debere*).
gȳman see gīeman.
gyrd: *virga.*
gyrdan: (*præ*)*cingere.*
gyrdel: *zona.*
gyrnan: *expetere, quærere.*
gyrstandæg: *heri.*
gyse (gyse hē dōð = *etiam*).
gysthūs (mīn gysthūs and mīn gereord = *refectio mea*).
gȳt: *adhuc, jam, statim, unquam.*
gȳt nabban = *necdum habere.*
ne gȳt: *necdum, nondum.*
gȳtsung: *abundantia, avaritia.*

H.

habban: *abundare, accipere, exercere, facere, habere, posse, possidere.*
habban anweald = *dominari.*
habban genōh = *abundare, sufficere.*
habban nēode = *desiderare.*
ðā ðing ðe hig habbað = *quæ apud illos sunt.*
yfel hæbbende = *male habens.*
hād: *persona.*
sācerd hād = *sacerdotium.*
hæftling: *captivus.*
hæl: *hosanna.*
hælan: *curare, sanare, sanum facere.*
hælend (-ynd): *salutaris, salvator.*
hæl(u): *salus, salutaris, sanitas.*
hæman (unriht hæmed = *adulterium*).
hænan: *lapidare.*
hær: *pilus.*
hære: *cilicium.*
hæte: *æstus.*
hæðen: *ethnicus, gentilis.*

hāl: *ave, bene, salvus, sanus, valens.*
hāl geweorðan = *sanatus esse.*
bēon hāl = *salvare.*
sī (sȳ) hāl = *hosanna.*
wæs hāl geworden = *restituta est sanitati.*
hālga: *sanctus.*
hālgian: *sanctificare.*
hālig (-eg): *sanctus.*
hāligness: *sanctitas.*
hālsian: *obsecrare.*
hālsung: *obsecratio.*
hām: *domus.*
hana: *gallus.*
hancred: *galli cantus, vigilia.*
hand: *alapa, manus, ulna.*
handworht: *manufactus.*
hangian: *pendere.*
hātan: *compellere, imponere, jubere, mandare, præcipere.*
hātte = *nomine.*
hātheortness: *furor.*
hati(g)(e)an: *esse odio, odio habere, odisse.*
hatung: *odium.*

hēafod: *caput.*
hēah: *altus, excelsus.*
hēahealdor: *archisynagogus.*
hēahgesamnung: *archisynagogus.*
hē(a)hness (-nyss): *altissimus, excelsum, pinnaculum, summum.*
hēahsăeerd: *summus sacerdos.*
hēahsetl: *cathedra.*
healdan: *custodire, facere, pascere, retinere, tenere, servare.*
healf: *dimidium.*
  on twā healfa = *hinc et hinc.*
heall: *cænaculum, domus.*
healsbǣc: *phylacterium.*
healsian: *adjurare.*
healt: *claudus.*
heard: *durus.*
heardness: *duritia.*
hearpe: *tibia.*
hēawan: *cædere.*
hefig: *gravis.*
  hefig byrðen = *pressura.*
hefiglice (hefe-): *graviter.*
hefinyss: *pressura.*
hege: *sepes.*
helfling: *dipondius.*
hell: *gehenna, infernus, inferus.*
helm: *corona.*
helpan: *convenire.*
henn: *gallina.*
hēofian: *lamentare.*
heofon: *cœlum.*
heofone: *cœlum.*
heofonlic: *cœlestis, qui in cælis est.*
  heofonlie mete = *manna.*
heonon (heonan, heonun): *hinc.*
  heonon forð = *amodo, amplius.*
  dōn heonan = *auferre.*
  gān heonon = *recedere.*
heonone: *hinc illuc.*
heord: *grex, oves, ovile.*
heordrǣden: *custodia.*
heorte: *cor.*
hēr: *ecce, hic, huc.*
  hēr wesan = *cccc.*
  bēon hēr = *adesse.*
here: *exercitus.*
hererēaf: *spolium.*
heretoga: *dux.*
herian: *justificare, laudare.*

hērūte: *foris.*
hider (hyder): *huc.*
hidergeond: *illuc.*
hīg: *fœnum.*
hingrian: *esurire.*
hīred: *exercitus, familia, homo.*
hīw: *effigies, facies, species.*
hīwgedāl: *libellus, repudium.*
hīwian: *simulare.*
hīwrǣden: *domus.*
bladan: *haurire.*
hlāf: *panis.*
hlāford (-urd): *dominus, paterfamilias, præceptor, senior.*
hlēotan: *sortiri.*
hlid: *ostium.*
hlihhan: *ridere.*
hlinian: *recumbere.*
hlīsa: *fama, opinio, rumor.*
hlot: *sors.*
hlūttor: *simplex.*
hlȳdan: *tumultuari.*
hlyst: *auris.*
hlystan: *audire.*
hnesee: *mollis, tener.*
hō: *calcaneum.*
hogian (hogiende = *sollicitus*).
hol: *fovea.*
hold: *corpus.*
hōn: *crucifigere.*
hopian: *sperare.*
horn: *cornu.*
hosp: *opprobrium.*
hrǣd: *promptus.*
hrǣdlice: *cito, confestim, continuo, protinus.*
hrægel: *pannus.*
hrǣðe (raðe): *cito.*
hrefn: *corvus.*
hrēod: *arundo, calamus.*
hrēof: *leprosus.*
hrēofla: *lepra, leprosus, vir plenus lepra.*
hrēofnys: *lepra.*
hrēoh (hrēoh weder = *tempestas.*
  wesan hrēoh = *exurgere*).
hrēohness: *tempestas.*
hrēosan: *irruere.*
hrēowsian (ongann hē hrēowsian = *poenitentia ductus*).

hrēowsung (hrēowsunge dōn = poenitere).
hrepian: tangere.
hricg: pinna.
hrīdrian: cribrare.
hring: annulus.
hriðian: febricitare.
hrōf: tectum.
hrȳman: (ex-), (suc-) clamare; increpare.
hrȳmde = clamor factus est.
hryre: impetus, ruina.
hū: qualiter, quemadmodum, quomodo.
hū fela, lang, etc. see fela, lang, etc.
hūmeta: quomodo.
hund (sub.): canis.
hund (num.): centum.
fīf hund = quingenti.
ðrīe hund = trecenti.
hundeahtatig: octoginta.
hundfeald: centesimus, centies, centum, centuplum.
hundnigontig: nonaginta.
hundred: centenus.
hundredes (hundrydes) ealdor = centurio.
twā hundred = ducenti.
ðrīe hundred = trecenti.
hundredman: centurio.
hundseofontig (-seofantig): septuagies, septuaginta.
hundtēonti(g): centum.
hunger (hungor): fames.
hūs: domus, tectum.
hūshlāford: paterfamilias domus.
hwā, hwæt: aliquis, homo, qualis, quisnam.
hwā swā = quocumque.
swā hwā swā = quisquis.
hwī (for hwī, for hwig) = quare, quomodo.
for hwām = quare.
hwæder see hwyder.

hwæl: cetus.
hwænne: quando, tempus.
ðē lǣs hwænne = nequando.
hwǣr (swā hwǣr swā = ubicumque).
hwǣte: frumentum, triticum.
hwæðer: an, forte, numquid, utrum.
hwæðer ðe = an.
hwædere (ðēah hwædere = propter tamen).
hwelp: catellus.
hwīl: tempus.
sume hwīle = ad horam.
ðā hwīle = quamdiu.
ðā hwīle ðe = donec.
hwilc (hwylc): qualis.
hwilc man = aliquis.
hwilc swā = quocumque.
swā hwilc swā = quiquis, quotquot.
hwīlwendlic: temporalis.
hwistlere: tibicin.
hwīt: albus, candidus, fulgens.
hwīt byrgen = sepulcrum dealbatum.
hwōn: pusillus.
hwyder (swā hwyder (hwæder) = quocumque).
hwyrfan: redire.
hyldan: declinare.
hȳr (tō bȳre = ad mensam).
hȳra: mercenarius.
hȳran: audire.
hyrde: pastor.
hyrdas = qui pascebant.
byrdnys: custodia.
hȳrian: conducere.
hȳrling: mercenarius.
hyrne: angulus.
hȳrsumian: obedire.
hyrwan: condemnare.
hyspan: exprobrare, improperare.

I.

i: iota.
īcan: adjicere.
īdel: inanis, otiosus, vanus.

on īdel = irritus.
īdelhende: vacuus.
iernan (yrnan): (ac-), (con-), (de-),

(oc-), (pro-) currere.
iernan beforan = præcurrere.
in: huc.
gān in and ūt = ingredi et egredi.
lætan in = aperire.
ināgān: ingredi.
ināsendan: submittere.
inbringan: in-, of-ferre.
infaran: introire.
ingehȳd: scientia.
ingelaðian: vocare.
ingerȳde: asper.
inlǣdan (lǣdan inn): introducere.
inlaðian: colligere, vocare.

inn: domus.
innan: intus.
gān innan = intrare.
innane: intrinsecus.
inne: deintus, intus.
in(n)gān (gān inn): ingredi, intrare, introire.
innoð: intus, uterus, venter, viscus.
innseglian: signare.
intinga: causa.
intō (gān intō = intrare).
Israhelaland: terra Israel.
Israhelisc: Israelita.
iungling: adolescens.

J.

Judealand: terra Juda.

L.

lāc: munus.
lācnian: curam agere.
lācnung: cura.
lād: excusatio.
lǣce: medicus, stabularius.
lǣcehūs: stabulum[1]
lǣdan: (ad-), (e-), (in-), (intro-), (per-) ducere; ducatum præstare; ferre, ponere, trahere.
lǣfan: relinquere, superesse.
lǣn: mutuum.
lǣnan: commodare, fœnerari, mutuum dare.
lǣnend: fœnerator.
lǣran: docere, exhortari, (per)suadere, suggere.
lǣs (sub.): pascuum.
lǣs (adv.) (ðē lǣs = ne forte.
ðē lǣs ǣfre, hwænne = nequando).
lǣssa see lȳtel.
lǣst see lȳtel.
lǣswian: pascere.
lǣt: tardus.
  wesan lǣt = tardare.
lǣtan: (ad-), (di-), (per-) mittere; laxare, relinquere, simulare, sinere, tollere.

lǣtan in = aperire.
lǣðan (lǣdan?): ducere.
lǣwa: proditor, traditor.
  ðæs lǣwan hand = manus tradentis.
lāf: fragmentum, reliquiæ, uxor.
  tō lāfe wesan = superare, superesse.
lagu: traditio.
lam: paralyticus.
lamb: agnus.
land: ager, locus, regio, terra.
lang: longus, multus.
  hū lang = quantum.
  swā lang = tantus.
lange: prolixius.
  hū lange = quousque.
  swā lange = quantus.
  swā lange swā = quamdiu.
leng: amplius, ultra.
langsum: prolixus.
lār: doctrina, mandatum.
lārēow: doctor, magister, rabbi, rabboni.
lārēowsetl: cathedra, recubitus.
lāttēow: dux.
laðian: invitare.
  āgēn laðian = reinvitare.

lēaf: *folium.*
leahtor: *crimen.*
lēas: *falsus, mendax, pseudo-.*
lēasung: *fallacia, mendacium.*
lecgan: *(im)ponere.*
lēden: *Latine, Latinus.*
legio: *legio.*
lema: *lamma.*
lendenu: *lumbus.*
leng *see* lange.
lēode: *cives.*
lēof: *carus, carissimus, dilectus, dominus.*
leofian *see* lybban.
lēogan: *falsum testimonium dicere, mentiri.*
lēogere: *falsus testis.*
lēoht (sub.): *lumen, lux.*
lēoht (adj.): *levis.*
ǣr hit lēoht wǣre = *cum adhuc tenebræ essent.*
lēohtfæt: *lampas, laterna, lucerna.*
leorningcniht: *discipulus.*
 leorningcnihtas = *duodecim.*
leornian: *discere.*
līc: *corpus.*
liccetere (līcet(t)ere): *hypocrita.*
liccetung (līcetung): *hypocrisis.*
liccian: *lingere.*
licgan: *incipere, jacere, ponere.*
līchama: *corpus, esca.*
līchamlic: *corporalis.*
līcian: *placere.*
līcðrowere: *leprosus.*
līefan (lȳfan): *concedere, permittere.*
līf: *anima, vita, vivus.*

wesan on līfe = *vivere.*
līg: *flamma.*
līgrǣsc: *fulgor.*
līgyt: *fulgor.*
lilie: *lilium.*
lim: *membrum.*
līnen: *linteum.*
līnwǣd: *linteamen.*
līðe: *mitis.*
locc: *capillus.*
lōcian: *aspicere, intueri, videre.*
lōca = *eccc.*
 lōca hū, nū = *ecce.*
lotwrenccēast: *versutia.*
lof: *hymnus, laus.*
lofsang: *hymnus.*
lōgian: *componere.*
losi(ge)an: *errare, perire.*
lufian: *amare, diligere.*
luflice: *libenter.*
lufu: *caritas, dilectio.*
lust: *voluptas.*
lybban (leofian, lyfian): *vivere.*
 lybbende (lyfi(g)ende) = *vivus.*
lȳfan: *concedere.*
lyfian *see* lybban.
lyft: *cælum, nubes.*
lȳhtan: *coruscare, lucere.*
lȳtel (lȳtyl): *minimus, minus, modicum, modicus, paucus, pusillus.*
lǣssa: *minimus, minor.*
lǣst: *minor.*
lythwōn: *paululum, pusillus.*
lytling: *parvulus, puer, pusillus.*
lȳðre: *nequam.*

M.

mā: *amplius, multo magis, plus, potius.*
 mā ðonne = *plusquam.*
 (swā) mycle mā = *quanto magis.*
 ðæs ðē mā = *proptera quanto ergo, magis.*
macian: *facere.*
mǣden: *puella.*
mǣg: *parens, proximus.*
mǣge: *cognata.*
mǣgen (megen): *mens, virtus, vis.*

mægenðrym(m): *majestas, virtus.*
mǣgð: *cognatio, natio, tribus.*
mǣnigu, mǣnio, *see* menigu.
mǣre: *altissimus, magnus.*
mǣrsian: *magnificare.*
mǣrð: *magnitudo.*
mǣst *see* mycel.
mǣstling: *lectus* (!).
 ārfæt and mǣstling = *æramentum.*
magan (mugan): *pati, posse, (præ)-*

valere.
bēon mǣge = *possibile est.*
gif hē ne mǣg = *alioquin.*
man rīpan mǣg = *messis venit.*
ne mǣg man = *nemo potest.*
ðe man āberan ne mǣg = *importabilia.*
man: *quisquam.*
man hrȳmde and cwæð = *clamor factus est.*
man ne = *nemo.*
man rīpan mǣg = *messis venit.*
mān: *nequitia.*
man(n): *caro, homo, persona, vir.*
menn = *gens.*
ǣnig, ān, man = *aliquis.*
burhsittende man = *civis.*
forwyrhte mann = *vinctus.*
geong mann = *adolescens.*
nān man = *nemo, quisquam* (w. *negative*).
ðearfende man = *egenus.*
mancwealm: *pestilentia.*
mānfull: *nequam, publicanus.*
mangere: *homo negotiator.*
mangung: *negotiatio.*
mangunghūs: *domus negotiationis.*
manig (maneg): *complures, multus, plurimus, plus.*
swā maneg = *tantus.*
manslaga: *homicida.*
manslyht (-sliht): *homicidium.*
māra *see* mycel.
māðmcyst: *corbona.*
mēd: *merces.*
medeme: *dignus.*
megen (mægen): *virtus.*
melu: *farina.*
menigu (mænigu, mænio, meneg(e)o, manegu): *multitudo, turba, virtus.*
menigfeald (menigfeald spǣc = *multiloquium*).
mengan: *miscere.*
meox: *stercus.*
bewurpan mid meoxe = *fodere circa illam.*
mere: *mare, natatoria, piscina, stagnum.*
meregrot: *margarita.*
mētan: *invenire, metiri.*

mete: *cibus, esca.*
brūcað metes ætgædere = *coutuntur.*
heofonlic mete = *manna.*
mid (myd): *apud, portans.*
mid ānum ēagan = *luscus.*
mid ēow, mē, him (hym), ðē, ūs = *vobis-, me, se-, te-, nobiscum.*
mid ofste = *cito.*
mid searwum ðā = *insidiatores.*
mid yrre = *iratus.*
blissian mid = *congratulari.*
eall ðām ðe him mid = *simulque.*
him mid = *pariter, simul.*
mid(d): *medius.*
middaneard (-geard): *mundus.*
middaneardes ende = *ventus.*
middæg (hit wæs middæg = *hora erat quasi sexta*).
midde: *medius.*
middel: *medius.*
midsittan: *simul discumbere.*
midwyrcan: *cooperari.*
miht (myht): *potestas, virtus.*
mihtig: *potens.*
mihtiglic (miht(e)-): *possibilis.*
milde: *propitius.*
mildheort: *misericors.*
mildheortness (-nyss): *misericordia.*
mīn: *meus.*
minta: *mentha.*
mislic: *varius.*
missenlic: *varius.*
mitta: *corus.*
mōd: *mens.*
mōdor (mōdur): *mater.*
mōna: *luna.*
mōnað: *mensis.*
mōnoðsēoc: *lunaticus.*
morgen (mer(i)gen): *mane.*
ǣr morgen (mergen) = *mane.*
on mergen = *crastinus.*
tō morgen = *cras.*
morgenlic: *crastinus.*
mōt: *festuca.*
mōtan: *licere.*
moððe: *tinea.*
mugan: *prævalere.*
munt: *mons.*

muntland: *montanum.*
mureni(g)an: *murmurare.*
mūð: *os.*
mūða: *fretum.*
mycel (micel, micyl): *copiosus, grandis, magnus, major, maximus, multo, multum, multus, plurimus, plus, tantus, validus.*
hū mycel = *quantum, quantus.*
swā mycel swā = *quantum.*
mȳcle swȳðor = *quanto magis.*
swā mycle mā = *quanto magis.*
māra: *abundantius, magis, major, plus.*
bēon māra = *abundare.*

māre tō gedēst = *supererogaveris.*
māra ðonne = *plusquam.*
mǣst: *magnus, major, maximus, plus, plusquam, primus.*
myd *see* mid.
myht (miht): *virtus.*
myltystre: *meretrix.*
mynegian: *repetere.*
mynetere: *nummularius.*
mynyt: *numisma.*
myrre: *myrrha.*
mȳse: *mensa.*
myxen: *sterquilinium.*

N.

nā: *nemo, nihil.*
nabban: *non habere.*
  nabban genōh = *non sufficere.*
  gȳt nabban = *necdum habere.*
nacod (nacud): *nudus.*
nǣdl: *acus.*
nǣddre: *serpens, vipera.*
nǣfre (ne ǣfre): *numquam.*
  non ... nǣfre = *non in æternum.*
nægel: *clavus.*
nǣnig: *nemo, quisquam* (w. negative).
  nǣnig man = *nemo.*
nāht: *ne quid, nihil, nihilum, quisquam* (w. negative).
nama: *nomen.*
  be naman = *nominatim.*
  sē wæs ōðre naman = *qui cognominabatur.*
nān: *nemo, nihil, nullus, quisquam* (w. negative).
  nān man = *nemo, quisquam* (w. negative).
  nān ðing = *nihil, quisquam* (w. negative).
  āure wudewan sunu ðe nānne ōðerne næfde = *filius unicus matris suæ.*
nard (nardus): *nardus.*
Nazarenisc: *Nazerenus.*
ne: *nihil, non, nullus.*
  ne cunnan = *nescire.*

ne gewurðe ðæt (ðæt ne gewurðe) = *absit.*
ne gȳt = *necdum, nondum.*
ne man = *nemo.*
ne ongietan = *ignorare.*
ne ðurfan = *nolle.*
ne willan = *nolle.*
gif hē ne mæg = *alioquin.*
hū ne = *nonne ergo.*
witodlice ne = *nequaquam.*
nēad: *vis.*
nēadian: *compellere.*
nēah (nēh): *fere, juxta, pene, prope.*
nēahsta (nēhsta, nēxta): *proximus.*
  æt nēahstan (nēhstan. nīhstan): *novissime, novissimus.*
nēan: *fere.*
nearu: *angustus.*
nebb: *facies.*
nēhhebūr (nēahge-): *vicinus.*
nēhhebȳren: *vicina.*
nēhsta *see* nēahsta.
nemnan: (cog)*nominare, imponere nomen, vocare.*
nēod (nīed): *necessarius, necesse, opus.*
neoðewerd (nyðerweard): *deorsum.*
nese: *nequaquam.*
  nese sōðes: *nequaquam.*
nest: *nidus.*
net(t): *rete, sagena.*
nīed (nēod): *necesse.*

nīedan (nȳdan): *angariare, cogere, increpare.*
nīedbehēfe: *necessarius.*
nigon: *novem.*
nigontig: *nonaginta.*
nigoða (nygoða): *nonus.*
niht (nyht): *nox.*
nihtwæcce: *vigilia noctis.*
niman (nyman): *ac-, re-, sus-ciperc; adhibere; (af-), (au-)ferre; ap-, com-prehendere; (as)sumere, ducere, injicere, nubere, rapere, tenere, tollere, vindemiari.*
nitan *see* nytan.
niðerstīgan: *venire.*
nīwe: *novus, rudis.*
niwel: *per præceps.*
nōntīd: *hora nona.*
norðdæl: *aquilo.*
nū: *amodo, ecce, ergo, jam, modo.*
 nū witodlice = *ergo.*

lōca nū = *ecce.*
nȳdan: *cogere.*
nygoða (nigoða): *nonus.*
nyht (niht): *nox.*
nyllan (nolde ðæt ænig = *neminem voluit).*
nyman *see* niman.
nytan (nitan): *ignorare, nescire, non sapere, non scire.*
nyt(t): *utilis.*
nȳten: *jumentum, pecus.*
nyðer: *deorsum.*
 nyðer settan: *deponere.*
nyðerābūgan: *inclinare.*
nyðerāstīgan: *descendere, discedere.*
nyðer-cuman, -faran, -gān: *descendere.*
nyðerian: *humiliare.*
nyðerstīgan: *descendere.*
nyðerstige: *descensus.*
nyðerweard (neoðewerd): *deorsum.*

O.

of: *absque, extra, ultra.*
ofdrǣdan: *timere.*
ofdrincan: *bibere.*
ofen: *caminus.*
ofer: *præter, supra, ultra.*
ofereuman: *supervenire.*
oferdrincan: *inebriare.*
oferflōwan: *supereffluere.*
oferfyll: *crapula.*
ofergān: *accipere.*
ofergēotan: *operire.*
ofergewrit: *in-, super-scriptio; inscriptus, titulus.*
ofergytan (ofergyten = *in oblivione).*
oferhelian: *operire.*
oferhīwian: *transfigurare.*
oferhogian: *contemnere, spernere.*
ofermōd: *dives, superbus.*
ofermōdigness: *superbia.*
ofersāwan: *superseminare.*
oferscead(ew)ian: *obumbrare, supervenire.*
oferscīnan: *obumbrare.*
oferseglian: *transfretare.*
ofertredan: *calcare.*

oferwinnan: *vincere.*
oferwrēon: *(co)operire, velare.*
offrian: *immolare.*
offrung: *donum, hostia, incensum, sacrificium, victima.*
offrunghlāf (offring-): *panis propositionis.*
ofgān: *exire.*
ofost: *festinatio.*
 mid ofste = *cito.*
ofslēan: *cædere, interficere, lapidare, occidere.*
oft: *sæpe.*
 hū, swīðe oft = *quoties.*
oftrædliee: *frequenter.*
oftorfian: *lapidare.*
ofðincan: *poenitere.*
ofðriceednys: *pressura.*
ofðringan: *comprimere.*
ofðryccan: *occupare.*
ofðrysmian: *suffocare.*
ofyrmð: *ærumna.*
olfend (oluend): *camelus.*
oliuet (oliuetes dūn = *mons olivarum).*

ōm: *ærugo.*
on: *contra, in, inter, intra.*
on ālecgan = *imponere.*
on eornost (eornust) = *quippe.*
on fen = *in clibanum.*
on hire gefrēdde = *sensit corpore.*
on his gǣlsan = *luxuriose.*
on his geðanc = *intra se.*
on īdel = *irritus.*
on mergen = *crastinus.*
on morgen cuman = *manicare.*
on sunderspræce = *clam.*
on sundron = *in locum desertum.*
on twā healfa = *hinc et hinc.*
on ðām dæge = *in judicio.*
on uppan = *desuper.*
on wesan = *detinere.*
onǣlan: *accendere.*
onāsettan: *imponere.*
onbæc: *retro, retrorsum.*
onbīdan: *expectare.*
onbūgan: *consentire.*
onbyrig(e)an: *gustare.*
oncnāwan: *cog-noscere.*
ondrǣdan: *metuere, timere.*
onfæstnian: *transfigere.*
onfōn: *ac-, ex-, re-, sus-cipere; assumere, exigere, possidere.*
onfōnd: *piscator.*
ongēan (-gēn): *adversum, adversus, contra, obviam, retro.*
ongewrītan: *scribere.*
ongietan (-gytan): *cognoscere, considerare, intelligere.*
ne ongietan = *ignorare.*
onginnan (-gynnan): *cæpisse, incipere.*
onginnan hingrian = *esurire.*
onginnan rǣdan = *consilium inire.*
ongann hē hrēowsian = *poenitentia ductus.*

ongytan *see* ongietan.
onhīscean: *calumniari, exprobrare.*
onhrīnan: *tangere.*
onhrōp: *improbitas.*
onlȳhtan (-līhtan): *illuminare, (il)-lucescere, lucere.*
onmiddan: *medius.*
onsǣgdness (-nyss): *holocautoma, sacrificium.*
onsagu: *testis.*
onsceonung: *abominatio.*
onsecgean: *testificare.*
onsettan: *imponere.*
onstician: *habere.*
onstyrian: *commovere.*
onsundron (-sundran): *secreto, seorsum, separatim.*
ontȳnan (un-): (*ad*)*aperire.*
onðrācian: *revereri.*
onufan: *supra.*
onuppan (onuppan gelecgan = *superponere*).
onwæcnan: *evigilare.*
onweorpan: *objicere.*
onwrēon: *revelare.*
open: *palam.*
openian: *aperire, patefacere.*
openlice: *manifeste, palam.*
oreðian: *spirare.*
osanna: *hosanna.*
oð: *donec, intro, quoadusque.*
ōðer (ōðyr): *adhuc, alius, alter, an, cæteri, reliquus, secundus, sequens, unus.*
ōðre sīðe = *secundo.*
ǣlc tō ōðrum = *ad alterutrum.*
ānre wudewan sunu ðe nānne ōðerne næfde = *filius unicus matris suæ.*
hyra ǣlc ōðerne = *invicem; ab, ad, in invicem.*
oððæt: *donec, quoadusque.*
oxa: *bos.*

P.

palmtrȳw: *palma.*
paradīsus: *paradisus.*
parascēuē: *parasceve.*
pening (peninc, peneg): *as, denarius.*
petrum: *patrem* (!).
Phariseisc: *Pharisæus.*
Phariseus: *Pharisæus.*
plættan (plættan mid handum =

alapas dare).
plantian: *plantare, pastinare*.
plantung: *plantatio*.
pluccian: *vellere*.
portic: *porticus*.

prica: *apex*.
pund: *libra, mna, talentum*.
purpure: *purpureus*.
purpuren: *purpureus*.
pytt: *fovea, puteus*.

R.

racentēage: *catena*.
racu: *narratio*.
rǣcean: *porrigere*.
rǣdan: *legere*.
   onginnan rǣdan = *consilium inire*.
rǣpling: *seditiosus*.
rǣs: *impetus*.
raðe (hræðe): *citius, cito*.
   raðor: *citius, primus*.
   raðust: *prior*.
rēad: *rubicundus*.
rēaf: *vestis, vestitus*.
rēafere: *raptor*.
rēafian: *diripere*.
   rēafigende: *rapax*.
rēaflāc: *rapina*.
rēcan: *curare*.
recc(e)an: *conferre, disserere, interpreptari, loqui, narrare, proponere, regere*.
rēcels: *thus*.
regnian: *reficere*.
rēn: *pluvia*.
rest: *cubile, requies*.
restan: *requiescere*.
restedæg: *dies Sabbati, sabbatum*.
rēðe: *sævus*.
rēwet: *navigium*.
   rēwette = *remigando*.
rīca (fēorðan dǣles rīca = *tetrar-*

cha).
rīce (sub.): *regio, regnum*.
rīce (adj.): *potens*.
rīclice: *splendide*.
rīcsian (rīxian): *abundare, regnare*.
rīdan: *sedere*.
riht (sub.): *veritas*.
riht (ryht) (adj.): *justus, rectus*.
   ys riht = *oportet*.
   ys hit riht = *licet*.
rihte: *recte*.
rihtwīs: *iniquus*(!), *justus*.
rihtwisness: *justificatio*.
rīnan: *pluere*.
   rīnde hit = *descendit pluvia*.
rip (ryp): *messis*.
rīpan: *metere*.
   man rīpan mæg = *messis venit*.
rīpere: *messor*.
riptīma: *tempus messis*.
rixian see rīcsian.
rōd: *crux*.
rōwan: *navigare, navigio venire*.
rude: *ruta*.
rūm (sub.): *locus*.
rūm (adj.): *spatiosus*.
ryht see riht.
rȳman: *dare*.
ryp see rip.
ryne: *fons*.

S.

sacc: *sacculus*.
sācerd: *lactens*(!), *sacerdos*.
sācerdhād (sācerd hād): *sacerdotium*.
sacu: *seditio*.
sǣ: *mare*.
sǣccing: *grabatum*.
sǣd: *granum, semen*.

gōd sǣd = *sementis*.
sǣgemǣre: *maritima*.
sǣter(n)dæg (sǣternes dæg): *sabbatum*.
sāgol: *fustis, lignum*.
sagu: *testimonium, testis*.
sāmcucu: *semivivus*.
samninga: *continuo*.

samnung: *synogoga.*
sandceosol: *arena.*
sār: *dolor.*
sār(g)ian: *dolere, tædere.*
sārig (wesan sārig): *contristare.*
sāwan: *dormire*(!), *mittere, seminare, serere.*
sāwol: *anima, homo.*
scæ(a)ð: *locus, vagina.*
sceadu: *umbra.*
scēafmǣl (scēafmǣlum = *in fasciculis*).
sceamian: *erubescere.*
sceamol: *mensa.*
sceamu: *rubor.*
sceanca: *crus.*
scēap: *ovis.*
    scēapa fald = *ovile.*
sceaða: *latro.*
scēawian: *considerare.*
    ðe man innan ne scēawað = *quæ non apparent.*
scēoh: *calceamentum.*
sceoppa: *gazophilacium.*
scēotan: *mittere.*
scēoðwang: *corrigia calceamenti (-orum).*
scīnan: (*re*)*fulgere, resplendere, rutilare.*
scīnlāc: *phantasma.*
scip (scyp): *navicula, navis, puppis.*
scīr (sub.): *villicatio.*
scīr (adj.): *albus.*
scræf: *domicilium, spelunca.*
scrīn: *loculus.*
scrȳdan: *circumdare, cooperire.*
scrȳdan: *induere.*
scūfan: *ejicere, præcipitare.*
sculan: *debere, oportere, posse.*
scyccels: *chlamys.*
scyldig: *debitor, reus.*
    wesan scyldig = *debere.*
scylling: *argenteus, drachma.*
scyp: *commissura, pannus, supplementum.*
scȳte: *sindon.*
sealf: *unguentum.*
sealfbox: *alabastrum unguenti.*
seolfor: *argenteus, argentum.*
sealm: *psalmus.*

sealt: *sal.*
sealtian: *saltare.*
sēam: *sarcina.*
searu (mid searwum ðā = *insidiatores*).
sēað: *lacus.*
sēc(e)an: *in-, re-quirere; quærere.*
secgean: *aio, dare, ferre, loqui, manifestum facere, narrare, perhibere, prædicare, prophetizare, scire.*
    segst = *quæris.*
    segst ðū = *numquid.*
seglian: *transfretare.*
sēlest *see* gōd.
sellan (syllan): *dare, facere, mittere, ponere, porrigere, tradere, trahere, tribuere, vendere, venire.*
sēlra *see* gōd.
sendan: *dare, exhibere, mittere.*
    āgēn sendan = *remittere.*
senep: *sinapis.*
sēoc: *æger, languidus, male.*
    wesan sēoc = *infirmari, languere.*
sēod: *sacculus.*
seofon (seofan, seofun, sufon): *septem.*
seofon sīðas (sīðun) = *septies.*
seofoða: *septimus.*
sēon: *videre.*
sēowan: *assuere.*
sester: *cadus.*
    sestra gemet = *metreta.*
setl: *ac-, dis-cubitus; cathedra, locus, sedes.*
settan: (*ap-*), (*circum-*), (*im-*)*ponere; constituere, fodere, offerre, sedere facere, statuere.*
    nyðer settan = *deponere.*
sēðan: *affirmare.*
seððan *see* syððan.
sib(b) (syb(b)): *pax.*
sīcan: *lactare.*
sicol: *falx.*
sīde: *latus.*
sige: *victoria.*
singan: *canere, cantare.*
sittan: *ac-, de-, dis-, re-cumbere; residere, sedere.*

sittan ufur = *ascendere superius.*
sīð: *semita.*
on ȳtemestum sīðe = *in extremis.*
ōðre sīðe = *secundo.*
seofon sīðas (sīðun) = *septies.*
sīðemest (æt sīðemestan = *novissime*).
sīwian: *assuere.*
six (syx): *sex.*
sixta (syxta): *sextus.*
sixti(g)feald (syxtig): *sexagesimus, sexaginta.*
slæp: *dormitio, somnus.*
slæpan: *dormitare,* (*ob*)*dormire.*
slāw: *piger.*
slēan: *abscindere; con-, per-cutere; mactare, occidere.*
slēan mid handa = *alapam dare.*
slītan: *discerpere, rumpere, scindere.*
hyne tyrð and slīt = *vix discedit dilanians eum.*
slite: *scissura.*
smēa(gea)n (smēagian): *con-ferre, -quirere; disputare, quærere, reputare, scrutari, tractare.*
smēadon = *facta est quæstio.*
smēocan: *fumigare.*
smēðe: *planus.*
smītan: *coinquinare.*
smið: *faber.*
smylte: *serenum.*
smyltnes(s): *tranquillitas.*
smyrian: *linere, ungere.*
snaca: *scorpia.*
snāw: *nix.*
snoru: *nurus.*
sōna: *confestim, continuo, illico, statim.*
sorhlēas: *securus.*
sōð (sub.): *amen, veritas.*
sōð (adj.): *vere, verumtamen, verus.*
ðæt ys sōð = *etiam.*
sōðfæst: *verax.*
sōðfæstnys(s) (-ness): *verax, veritas.*
sōðlice: *amen, ecce, ergo, etenim, in veritati, jam, quippe, verc.*
spǣc see sprǣc.
spǣtan: *conspuere, expuere.*

spātl: *sputum.*
spearwa: *passer.*
specan see sprecan.
spēd: *facultas, substantia.*
spellian: *fabulari.*
spere: *lancea.*
spinnan: *nere.*
sponge (sp(r)inge): *spongia.*
sp(r)ǣc: *loquela, sermo, verbum.*
menigfeald sprǣc = *multiloquium.*
sp(r)ecan: (*col*)*loqui, conquirere, videre.*
bysmor, bysmorspǣce sprecan = *blasphemare.*
sprengan: *spargere.*
springan: *exire.*
stæf: *apex, littera.*
stǣnen: *lapideus.*
stǣnihte: *petrosa.*
stǣpe: *passus.*
stalu: *furtum.*
stān: *lapis, petra, petrosa, saxum.*
standan: (*a*)*stare.*
ābūtan, embe standan = *circumstare.*
āgēn standan = *insistere.*
standan ābūtan = *astare.*
standan ðār = *assistere.*
stānscylig: *petrosa.*
stede: *locus, plenitudo.*
stef(e)n (stemn): *vox.*
stelan: *faccre furtum, furari.*
stemn (stef(e)n): *vox.*
stēopcild: *orphanus.*
steorra: *stella.*
stīgan: *a-, de-scendere.*
stincan: *fœtere.*
stīð: *austerus.*
storm: *nimbus.*
stōw: *locus.*
strǣt: *forum, platea.*
strand: *littus.*
strang: *contrarius, fortis, insignis, validus.*
strangnyss: *vis.*
strec: *violentus.*
strecc(e)an: *extendere,* (*sub*)*sternere.*
strēdan: *spargere.*

streng: *funiculus.*
strengð (strencð): *brachium, fortitudo.*
strewian (strēowian): *sternere.*
strȳnan: *suscitare, thesaurizare.*
stunt: *fatuus.*
stuntscipe: *stultitia.*
stylle (stylle bēon = *silentium*).
stȳpel: *turris.*
styrian: *corripere.*
styric: *vitulus.*
styrung: *motio, motus, tumultus.*
sūcan: *sugere.*
sufol: *pulmentarium.*
sulh: *aratrum.*
sum: *aliquis, alius, modicus, quispiam, unus.*
sum dæl = *modicum.*
sum ðing = *aliquis.*
sume hwīle = *ad horam.*
æt sumum cyrre = *aliquando.*
sumor: *æstas.*
sundersprǣc (on sundersprǣce = *clam*).
sundorhālga: *Pharisæus.*
sundron (on sundron = *in locum desertum*).
sunne: *sol.*
sunu: *filius.*
sūsl: *supplicium.*
sūðdǣl: *auster.*
suwian: *tacere.*
swā: *ita, prout, qualis, quemadmodum, quanto, quomodo, similiter, siquidem, tamquam, tanto, velut.*
swā fela, lang, etc. *see* fela, lang, etc.
swǣcc: *odor.*
swarian: *respondens aio.*
swāt: *sudor.*
swātlīn: *sudarium.*
swefl: *sulphur.*
swefn: *somnus.*
swēg: *sonitus, somnus, symphonia.*
sweger: *socrus.*
swelgend: *devorator.*
sweltan (swyltan): (*com*)*mori.*
sweltendlic: *moriturus.*
swēor: *socer.*
swerian: *jurare.*
swica: *seductor.*
swiccræft: *seditio.*
swicdōm: *deceptio, scandalum.*
of-yrmðe swicdōme woroldwelene = *ærumnæ sæculi et deceptio divitiarum.*
swician: *scandilizare.*
swincan: *laborare.*
swingan: *cædere, flagellare, vapulare.*
swipa: *flagellum.*
swīra (swūra): *collum.*
swīðe (swȳðe): *multum, nimis, valde, vehementer.*
swīðe forwundod = *ulceribus plenus.*
swīðe oft = *quoties.*
swīðor (swȳðor): *magis, plus.*
mycle swȳður = *quanto magis.*
swīðlice: *vehementer.*
swīðrian: *invalescere.*
swūra (swīra): *collum.*
swurd: *gladius.*
swustor: *soror.*
swutelian: *ostendere.*
swutol: *manifestus.*
swylc: *qualis, talis.*
swylce: *quemadmodum, velut.*
swyltan *see* sweltan.
swȳn: *porcus.*
swyðe *see* swīðe.
swȳðra: *dexter.*
sylf: *idem, solus, tantum.*
him sylf = *proprius.*
mē sylfne (sylfon) = *me ipsum.*
mē sylfum (sylfon) = *me ipso.*
on him sylfum = *intra se.*
sylfwilles: *ultro.*
syllan *see* sellan.
syltan: *condire.*
sȳman: *onerare.*
symbeldæg (symmel-): *dies festus, festus, dies solemnis.*
symle (symble): *semper.*
syndorlice (synder-): *separatim, tantum.*
syndrig: *singuli.*
syndrigean: *separare.*
synful(l): *peccator, peccatrix.*

syngian: *peccare.*
synlēas: *sine peccato.*
synn: *peccatum.*
syrwan: *insidiari.*
syððan (seððan): *deinceps, deinde,*
exinde, futurus, postea, posteaquam, postquam, ultra.
syx(-) see six(-).
syxtig: *sexaginta.*

T.

tāc(e)n: *signum.*
tācnian: *significare.*
tǣlan: *calumniari; de-, ir-ridere; exprobrare, illudere.*
hī tǣldon hī and cwǣdon = *vituperaverunt.*
tāl: *calumnia.*
tala see teala.
tāllic (tāllice word = *blasphemia*).
talu: *testimonium.*
tam: *subjugalis.*
t(e)ala (t(e)ala dōn = *benefacere*).
tēar: *lacryma.*
tearflian: *volutare.*
tellan: *æstimare, arbitrari, computare.*
tempel: *ædes, templum.*
templhālgung: *encænia.*
tēon: *e-, re-, sub-ducere; trahere.*
tēona: *contumelia, injuria.*
tēoða: *decimus.*
tēoðian: *decimare.*
tēoðung: *decima.*
teran (hyne tyrð and slīt = *vix discedit dilanians eum*).
ticcen (tyccen): *hædus.*
tīd: *hora, tempus.*
gehwǣde tīd = *modicum.*
tīgelwyrhta: *figulus.*
tili(ge)a (tylia): *agricola, colonus.*
tiligan: *præstare.*
tīma: *hora, tempus.*
timbrian: *ædificare.*
tintreg: *tormentum.*
tintregian (tintregodon = *plagis impositis*).
tīða (bēon tīða = *accipere*).
thalim-tha: *talitha.*
tō: *ad, ante, apud.*
 tō dæg = *hodie.*
 tō mē = *illuc, mecum.*
 tō mēde = *ergo.*
tō morgen = *cras.*
tō setl gān = *occidere.*
tō ðē = *tecum.*
tō wǣtere = *adaquare.*
cuman tō = *præcedere.*
tōāwylian: *advolvere.*
tōbecuman: *ad-, super-venire.*
tōberstan: *rumpere, scindere.*
tōbrǣdan: *dilatare.*
tōbrecan: *(di-)rumpere, evertere, frangere, scindere, tollere.*
tōbrȳsan: *con-fringere, -terere.*
tōclipian: *advocare.*
tōcnāwan: *dijudicare.*
tōcuman: *ad-, con-venire.*
tōcwȳsan: *comminuere, confringere, quassare.*
tōcyme: *adventus.*
tōdǣlan: *dis-pergere, -pertire, -tribuere; dividere, partiri.*
tōdāl: *separatio.*
tōdrǣfan: *dispergere.*
tōdrǣfednyss: *dispersio.*
tōfaran: *dispergere.*
tōforan: *ante.*
tōforan gān = *antecedere.*
tōforan faran = *præcedere.*
gān tōforan = *præcedere.*
tōgǣdere: *unus.*
tōgǣdere cuman = *convenire.*
tōgǣdere cōmon = *concurrentes.*
tōgǣdere geclypian = *convocare.*
gān tōgǣdere = *convenire.*
tōgān: *visitare.*
tōgēanes (-gē(a)nys): *obviam.*
tōgeclypian: *vocare.*
tōgegaderian: *congregare.*
tōgenēalǣcan: *accedere.*
tōgeniman: *assumere.*
tōiernan: *concurrere.*
tōlǣdan: *accedere.*
toll: *census.*

tollsceamol (-sceamul): *gazophylacium, telonium.*
tōmearcian: *descrībere.*
tōmearcodness: *descriptio.*
tōmiddes: *medius.*
torfian: *jacere, jactare, lapidare.*
tōslītan (-slȳtan): *dirumpere, (re)-scindere.*
tōsomne (tōsomne becuman = *convenīre.*
tōsomne clypian, gecīgan, geclipian = *convocare*).
tōstrēdan: *dispergere.*
tōtorfian: *jactare.*
tōð: *dens.*
tōwe(a)rd: *futurus, venturus.*
wesan tōweard = *evenīre.*
tōweorpan (-wurpan): *de-solare, -struere; (dis)solvere, spargere, subvertere.*
tōworpedness (-worpenness): *desolatio.*
tredan: *conculcare.*
trēow: *arbor, lignum.*
trūwa: *fides.*
trūwian: *confīdere.*
trymian: *confirmare.*
tumbian: *saltare.*

tūn: *prædium, villa, vicis, vicus.*
tunece: *tunica.*
tunge: *lingua.*
tungolwītega (tungel-): *magus.*
tūngerēfa: *villicus.*
tūnscīr: *villicatio.*
tūnscīre bewitan = *villicare.*
turtle: *turtur.*
tu(w)a: *bis.*
twēgen (twēgyn), twā: *bini, duo, par.*
twā and twā = *bini.*
twā hundred = *ducenti.*
twēgen dagas = *biduum.*
twelf: *undecim, duodecim.*
twentig: *viginti.*
twig (twī): *palmes, ramus.*
twīn: *byssus.*
twycene: *bivium.*
twyfealdlicor: *duplum.*
twȳnian: *dubitare, hæsitare.*
twyrǣde: *dividere.*
twyrǣdness: *seditio.*
twywintre: *bimatus.*
tyccen (ticcen): *hædus.*
tylia (tilia): *agricola.*
tȳn: *decem.*

Ð.

ðā: *adhuc, cum, deinde, ecce, ergo, jam, postquam, quando, statim.*
ðā cōm = *ecce.*
ðā ... ðā = *ergo.*
ðā wæs ðār = *ecce.*
efne ðā = *ecce.*
witodlice ... ðā = *ergo.*
ðæder *see* ðyder.
ðænne *see* ðonne.
ðær(a) (ðār(a)): *ibi, illic.*
ðār is = *ecce.*
ðār wesan = *adesse.*
ðā wæs ðær (ðār) = *ecce.*
ðærihte (ðār-): *continuo, ecce, impetus.*
ðærūte (ðār-): *foris.*
ðā ðe ðārūte synt = *qui in regionibus.*
ðæslic: *dignus.*

wesan ðæslic = *convenīre.*
ðæt: *prout.*
ðæt (hæte?): *æstus.*
ðafian: *consentire.*
ðanc: *gratia.*
ðancian: *gratias agere.*
ðancwurðlice (ðancwurðlice dōn = *gratias agere*).
ðanon (ðanone, ðanun): *inde.*
ðanon gān = *exire.*
ðār(-) *see* ðær(-).
ðāw: *mos.*
ðe: *an.*
ðēah: *quanquam, tamen, verumtamen.*
ðēah hwæðere = *ecce, propter tamen.*
ðēah ðū wylle = *licet.*
ðēahhwæðere: *verumtamen.*

ðeahtian: *consilium facere.*
ðearf: *opus.*
ðearfa: *egenus, pauper.*
ðearfende (ðearfende man = egenus).
ðearle: *valde, vehementer.*
ðecen: *tectum.*
ðeg(e)n (ðēn): *miles, minister, ministrator.*
folc and ðā ðegnas = *cohors.*
ðenc(e)an: *cogitare, conari, quærere, sentire.*
ðēni(ge)an: *deservire, ministrare, obsequium præstare, satagere.*
ðēnung: *azyma, cœna, comedere, officium.*
ðēod: *gens.*
ðēodscipe: *gens.*
ðēof: *fur, latro.*
ðēon: *proficere.*
ðēow: *servus.*
ðēowa: *conservus.*
ðēowian: *servire.*
ðēowyn: *ancilla.*
ðerscan: *percutere.*
ðiccness: *altitudo.*
ðicgean: *manducare.*
ðil(i)c (ðylc): *similis, talis.*
ðinc(e)an: *facere, parere, videre.*
ðīnen: *ancilla.*
ðing: *causa, res.*
 ænig, ān, sūm ðing = *aliquis.*
 eall ðing = *omnis.*
 nān ðing = *nihil, quisquam* (w. negative).
ðolian: *pati, perpeti.*
ðonne (ðænne): *ecce, ergo, quando.*
 māra ðonne = *plusquam.*
ðorn: *spina.*
ðotorung: *ululatus.*
ðrēag(e)an: *corripere, increpare, torquere.*
ðrēat: *cohors.*
ðrid(d)a (ðrydda): *tertio, tertius.*

ðrīe (ðrȳ), ðrēo: *terni, tres.*
ðrȳ dagas = *triduum.*
ðrīe hund, hundred = *trecenti.*
ðringan: *comprimere.*
ðrittig: *triginta.*
ðrittigfeald (ðrītig-): *trigesimus, triginta.*
ðriwa: *ter, tertio.*
ðroc: *mensa.*
ðrōwian: *pati.*
ðrȳ see ðrīe.
ðrymsetl: *thronus.*
ðrȳstru: *tenebræ.*
 see ðȳstru.
ðunor: *tonitruum.*
ðunrian (hit ðunrode = *tonitruum esse factum*).
ðurfan (ne ðurfan = *nolle*).
ðurh: *propter.*
 ðurh ðone gelēafa = *credentes.*
 fērdon hig ðurh = *egressi autem circumibant.*
ðurhfær: *penetralia.*
ðurhfaran: *pertransire.*
ðurhwunian: *per-manere, -servare; sustinere.*
ðus: *huc.*
 ðus gerād = *hujusmodi.*
ðūsend: *mille.*
ðwang: *corrigia.*
ðwēal: *baptisma.*
ðwēan: *lavare, rigare.*
ðwȳr (ðwūr): *perversus.*
ðyder (ðæder): *illic, illo.*
ðyrel: *foramen.*
ðyrncinn: *tribulus.*
ðyrnen: *spina, spinea.*
ðyrscel-flōr: *area.*
ðyrstan: *sitire.*
ðȳsterfull: *tenebrosus.*
ðȳstre: *tenebrosus.*
ðȳstru: *umbra.*
 see ðrȳstru.
ðȳwan: *arguere.*

U.

ufan: *desuper.*
ufane (nfene): *ex alto, supernus.*
ufenan: *desursum.*
uferian: *moram facere.*
ufewe(a)rd: *summum.*
ufur: *superius.*

unācwencedlic: *inextinguibilis, non extinguitur.*
unādwǣscendlic: *inextinguibilis.*
unārwurðian: *inhonorare.*
unāsīwod: *inconsutilis.*
unberende: *sterilis.*
unbindan: *solvere.*
unclǣne: *immundus.*
unclǣnnyss: *immunditia.*
uncnyttan: *solvere.*
uncūð: *alienus.*
under: *subtus.*
underbǣc: *retrorsum.*
undercyning (-cing): *regulus.*
underdelfan: *perfodere.*
underfōn; *ac-, ex-, re-, sus-cipere; capere.*
undergietan (-gytan): *cognoscere.*
underntīd: *hora tertia.*
undernyman: *capere.*
understandan: *intelligere.*
underðēod, *subditus.*
underðēodan: *subjicere.*
uneaðelic: *impossibilis.*
unfǣle (unfǣle gāst = *phantasma*).
unfealdan: *revolvere.*
unfeorr: *non longe.*
ungeafful (l): *incredulus.*
ungehȳrsum (bēon ungehȳrsum = *contemnere*).
ungelēafa: *incredulitas.*
ungelēaf(f)ull: *incredulus, infidelis.*
ungelēaffulnyss (-ness): *incredulitas.*
ungelēafsum: *incredulus.*
ungerȳde: *asper.*
ungetēorud: *non deficiens.*
ungetrēowe: *infidelis.*
ungeðwǣrness: *dissensio.*
unglēaw: *imprudens.*
unhǣlð: *male.*
unhāl: *male habens.*
unhandworht: *non manufactus.*
unhelan: *revelare.*
unhold: *inimicus.*
unmiht(e)lic: *impossibilis.*
unnytt: *inutilis.*
unriht (unriht hǣmed = *adulterium*).
unrihthǣman: *adulterare, mœchari.*
unrihthǣmed (unriht hǣmed): *adulterium.*
unrihthǣmend: *adultera.*
unrihthǣmere: *adulter.*
unrihtwīs: *iniquitas, iniquus, injustus.*
unrihtwīsness (-nys(s), -wysness): *iniquitas, injustitia.*
unrihtwyrhta: *operarius iniquitatis.*
unrōt: *mœstus, tristis.*
  bēon unrōt = *contristare.*
unrōtnyss (-ness): *tristitia.*
unrōtsian: *contristare.*
unscyldig: *innocens.*
unscrȳdan: *exuere.*
unsealt: *insulsus.*
unstaðolfǣst: *temporalis.*
unslȳpan: *solvere.*
untīgan: *solvere.*
untrum: *æger, infirmus, languidus, male, male habere.*
  wesan untrum = *languere.*
untrumness (-nyss): *ægrotatio, infirmitas, plaga.*
untȳmende: *sterilis.*
untȳnan (on-): *aperire.*
unðancfull: *ingratus.*
unðwēan (unðwogen = *communis, non lotus*).
unwǣterig: *inaquosus.*
unwederlice: *triste.*
unwīsdōm: *insipientia.*
unwurðlice: *indigne.*
ūpārīsan: *erigere.*
ūpāspringan: *oriri.*
ūpbesēon: *sursum respicere; suscipere.*
ūpcuman: *oriri.*
ūpgān: *exoriri.*
ūpp: *sursum.*
ūp(p)āhebban: (*e-*), (*sub-*)*levare; exaltare, tollere.*
ūpāhafen = *sublimis.*
uppan: *supra.*
  on uppan: *desuper.*
ūppātēon: *educere.*
ūppgān: *ascendere.*
ūp(p)hebban: *levare.*
ūp(p)stīgan: *ascendere.*
ūpspringan: (*ex*)*oriri.*
ūptēon: *extrahere.*

ūt: *foras.*
 ūt gān = *procedere.*
 gān in and ūt = *ingredi et e-gredi.*
ūtādrǣfan: *ejicere.*
ūtādrīfan (-drȳfan): *ejicere.*
ūtāgān: *egredi.*
ūtan: *extrinsecus.*
ūtāweorpan: *ejicere.*
ūtcuman: *exire.*
ūtdrīfan: *ejicere.*
ūte: *foris.*

ūtfaran: *exire.*
ūtfēran: *ab-, ex-ire.*
ūtflōwan: *exire.*
ūtgān: *ab-, ex-ire; egredi.*
 ūtēode = *egressus ibat.*
ūtlǣdan: *emittere.*
ūtlǣtan: *laxare.*
uton (uton faran = *eamus.*
 uton gān = *eamus, euntes*).
ūtter: *exterior.*
ūtweorpan: *ejicere.*

W.

wā: *vǣ, vah.*
waci(ge)an (wæcian): *pernoctare, vigilare.*
wæcce: *vigilia.*
wǣdla: *mendicus.*
 weorðan wǣdla = *cœpisse egere.*
wǣdlian: *mendicare.*
wǣfels: *pallium.*
wǣfersȳn: *spectaculum.*
wǣpen: *arma.*
wǣpmann: *masculus.*
wǣpned: *masculinus.*
wǣpnedmann: *masculus.*
wǣrlice: *caute.*
wǣstm (wēastm): *fructus, statura.*
 wǣstm beran, bringan = *fructificare.*
wæter: *aqua.*
wæterbūc: *amphora aquæ.*
wæterfæt (-fat): *hydria.*
wæterflaxe: *lagena aquæ.*
wæterseoc: *hydropicus.*
wāhryft (-rift): *velum.*
wālā: *vah.*
wamb: *venter.*
wana (wesan wana = *decsse*).
wandian: *accipere, respicere.*
 wandast = *est cura.*
wanhāl: *debilis.*
wanigan: *minui.*
warnian: *attendere, cavere, videre.*
waroð: *littus.*
wascan: *lavare.*
watel: *tegula.*
wealdan: *dominari.*

weard: *custos.*
weaxan: (*in*)*crescere.*
weccan: *resuscitare.*
wecg: *stater.*
weddian: *pangere.*
weder (hrēoh weder: *tempestas*).
weg: *via.*
wegfērende: *præteriens.*
wel: *bene.*
wela: *abundanti*(?), *divitiæ.*
weldōn: *benefacere.*
weler: *labium.*
welh(?): *servus.*
weli(g): *dives.*
wēn: *forsitan.*
wēnan: *æstimare, arbitrari, existimare, putare, sperare.*
 wēnst ðū = *numquid.*
wendan: *descendere, præbere, redire, regredi.*
 ðā wende hē āgēn = *ascendens reversus est.*
wenge: *maxilla.*
wēnunga: *forsitan.*
wēod: *fœnum.*
weofod: *altare.*
weolcenrēad: *coccineus.*
weorpan: *c-, in-jicere; jacere, jactare, mittere.*
weorðan: *cœpisse, facere, gustare, pati.*
 weorðan forht = *expavescere.*
weor(u)c (worc): *opus.*
wēpan: *flere, lacrymari, lugere, plangere, plorare.*

wēpende = *lacryma.*
wer: *vir.*
wēr: *captura.*
wērig: *fatigatus.*
werod (wered): *chorus, cohors, militia, multitudo, turba.*
wesan: *a-, de-scendere; exire, facere, habere, perhibere.*
wesan cūð, full, etc. *see* cūð, full, etc.
westdæl: *occasus, occidens.*
wēste: *desertus.*
wēsten (wēsðen): *desertum, solitudo.*
wexbred: *pugillaris.*
wīc: *vicus.*
wīcian: *applicare.*
wīd: *latus.*
wīdmǣrsian: *diffamare.*
wīf: *mulier, uxor.*
wīfian: *nubere, uxores ducere.*
wīfman (wīm-): *femina.*
wilddēor: *bestia.*
wili(g)a: *sporta.*
will (wyl): *fons.*
willa: *desiderium, voluntas.*
willan (wyllan): *oportere, quærere, velle.*
wylle faran and feohtan = *iturus committere bellum.*
ne willan = *nolle.*
ðēah ðū wylle = *licet.*
wilnian: *egere(?), sperare.*
wīn: *vinum, vitis.*
wīnberie: *uva.*
windan: *plectere.*
wīndrincende: *potator vini.*
wīn(g)e(a)rd: *vinea, vitis.*
winnan (wynnan): *consurgere, percutere, resistere.*
winter: *annus, hiems.*
wīnwringa: *torcular.*
wīs: *sapiens.*
wīsdōm: *sapientia.*
wīslice: *sapienter.*
wita: *princeps sacerdotum.*
witan: *(cog)noscere, scire.*
wīte: *plaga.*
wītega: *propheta.*
wītegian: *prophetare.*
wītegung; *prophetia.*

wītegystre: *prophetissa.*
wītnere: *tortor.*
witness: *testimonium.*
wītnian: *egere(?), vapulare.*
witod: *scitis.*
witodlice (witudlice): *amen, ergo, etenim, etiam, euge, forsitan, forte, igitur, jam, juste, siquidem, tantum, utique.*
witodlice ne = *nequaquam.*
gif witodlice = *siquidem.*
nū witodlice = *ergo.*
wið: *apud, circa, juxta, secus.*
wið mē, ðē, unc = *me-, te-, nobis-cum.*
wið hys dæges worce = *diurno.*
wiðæftan: *retro secus.*
wiðcweðan: *contradicere.*
wiðerrǣde: *scandalum.*
wiðersaca (wesan wiðersaca = *contradicere*).
wiðersacan: *blasphemare.*
wiðerweard: *contrarius.*
bēon wiðerweard = *dividere.*
wiðerwinna: *adversarius.*
wiðgeondan: *circa.*
wiðinnan: *intus.*
wiðmetan: *comparare.*
wiðsacan: *(ab-), (de-)negare; renuntiare.*
wiðstandan: *resistere.*
wiðūtan: *de foris, extra.*
wlitig: *speciosus.*
wōd (wōd man = *dæmonium, dæmonium habere.*
wesan wōd = *dæmonium habere*).
woffung: *blasphemia, deliramentum.*
wolcen: *nubes.*
wōp: *fletus, ploratus.*
worc (weor(u)c): *opus.*
word (wurd): *sermo, verbum.*
tāllice word = *blasphemia.*
wor(u)ld: *sæculum.*
woruldwela: *divitiæ, mammona.*
wracu: *ultio, vindicta.*
wrǣclice: *peregre.*
wrecan: *vindicare.*
wrēgan: *accusare.*
wrītan: *scribere.*

wrītere: *scriba.*
wrīðan: *alligare.*
wrōht: *accusatio, querela.*
wuce: *sabbatum.*
wuduhunig: *mel sylvestre.*
wuduwe (wydywe): *mater, vidua.*
wuldor: *gloria.*
wuldorfullice: *gloriose.*
wuldri(g)an: *glorificare, magnificare.*
wulf: *lupus.*
wund: *ulcus, vulnus.*
wundor: *mirabilis, virtus.*
wundorlic: *mirabilis.*
wundri(g)(e)an: (*ad*)*mirari, circumdare, obstupescere, stupere; stuporem apprehendere.*
wundrung: *stupor.*
wnni(g)an: *capere, conversari, demorari, habitare, manere, morari, perseverare, procedere; re-cumbere, -manere; stare.*
wurd (word): *verbum.*
wurð: *pretium.*
wurðe (wyrðe): *dignus.*
wnrðfull: *honoratus.*
wurðian: *colere, honorare, honorificare.*
wurðmynt: *gloria.*
wnrðscype: *honor.*

wyl *see* will.
wylcumian: *salutare.*
wylian: *advolvere.*
wylig: *cophinus.*
wyllan *see* willan.
wȳln: *ancilla.*
wynnan *see* winnan.
wynsum: *suavis.*
wyrc(e)an: *accipere, committere, dare, facere, inire, manducare, operari.*
cnman tō wyrceanne = *convenire.*
wyrhta: *ædificans, operarius.*
wyr(i)(ge)an: *maledicere.*
wynstre: *sinister.*
wyrm: *vermis.*
wyrman: *calefacere.*
wyrmcynn: *scorpia.*
wyrnan: *avertere.*
wyrp: *jactus.*
wyrrest *see* yfel.
wyrsa *see* yfel.
wyrt: *herba, olus.*
wyrtgemang: *aroma, mixtura myrrhæ, pisticus.*
wyrtrnm(a): *radix.*
wyrt(t)ūn: *hortus.*
wyrtweard: *hortulanus.*
wyrðe (wurðe): *dignus.*

Y.

yfel: *male, malum, malus.*
   yfel dōn = *odisse.*
   yfel habbende (hæbbende) = *male habens.*
   wyrs(a): *deterior, nequior, pejor.*
   wyrrest: *pessimus.*
yfeldǣde (-a): *malefactor.*
ylca: *idem.*
yldan: *moram facere.*
yldest *see* eald.
ylding: *hora.*
yld(o): *ætas, senectus.*
   wæs on ylde = *erat incipiens.*
yldor *see* ealdor.
yldra *see* eald.
ymb(e) (embe): *circa, ergo.*
   embe standan = *circumstare.*

ymbehwyrft: *orbis.*
ymbescīnan: *circumfulgere.*
ymbetrymian: *munire.*
ymbfēran: *circumire.*
ymbehȳdig (ymbhīdig): *sollicitus.*
ymbhoga: *malitia.*
   hæfð ymbhogan = *sollicitus erit.*
ymbscrȳdan: *induere.*
ymbsnidennyss: *circumcisio.*
ym(b)snīðan: *circumcidere.*
ymbūtan: *circum.*
   ymbūtan (embe-ūton) standan = *circumstare.*
yrfenuma: *heres.*
yrfeweard: *heres.*
yrfeweardness: *hereditas.*

yrmð: *penuria.*
yrnan *see* iernan.
yrre (sub.): *ira.*
   mid yrre = *iratus.*
yrre (adj.): *indignatus.*
   wesan yrre = *irasci.*
yrsian: *fremere, irasci.*
yrðling: *mercenarius.*

ȳsōpus: *hyssopus.*
ȳst: *procella.*
ȳtemest: *exterior, novissime, novissimus.*
   on ȳtemestan sīðe = *in extremis.*
ȳð: *fluctus.*
ȳwan: *ostendere.*

www.ingramcontent.com/pod-product-compliance
Lightning Source LLC
Chambersburg PA
CBHW020137170426
43199CB00010B/784